NOS PÈRES
NOS FRÈRES
NOS AMIS

Du même auteur

Sale Gosse, L'Iconoclaste, 2019 ; J'ai lu, 2021
Ne t'arrête pas de courir, L'Iconoclaste, 2021 ; Proche, 2023

Les Arènes,
17-19, rue Visconti, 75006 Paris
Tél. : 01 42 17 47 80

Pour découvrir nos nouveautés, rendez-vous sur notre site arenes.fr.
Retrouvez les vidéos inspirées de nos livres sur la chaîne YouTube « Les Arènes du Savoir ». Et suivez-nous sur les réseaux sociaux !

@les_arenes

Mathieu Palain

NOS PÈRES NOS FRÈRES NOS AMIS

Dans la tête
des hommes violents

Les Arènes

un.

La première fois qu'on s'est parlé avec Arnaud, il menaçait d'empêcher la parution d'un article que je venais d'écrire sur la prison. J'avais réussi à le convaincre de laisser couler, et avec le temps il était devenu une source, quelqu'un en qui j'avais confiance, et qui je crois avait confiance en moi. Arnaud travaillait à la direction de l'administration pénitentiaire. Ce jour-là, un matin de septembre, je quittais tout juste le journal qui me publiait depuis six ans, quand j'ai lu son nom sur l'écran de mon téléphone.

« Les violences faites aux femmes, c'est un truc qui t'intéresse ? »

La question n'appelait pas autre chose qu'un « oui », mais la vérité, c'est qu'en dix ans de journalisme je n'avais pas écrit une ligne sur le sujet. Pas une brève sur le sexisme au travail, rien sur les frotteurs du métro, rien non plus sur le harcèlement de rue, le viol, l'inceste, les violences conjugales. J'aurais pu me défendre en prétextant que j'étais sur d'autres fronts, mais j'étais tout simplement passé à côté.

« J'ai quitté le siège, m'a dit Arnaud. Je suis à Lyon maintenant, au service de probation et d'insertion. On organise des groupes de parole pour les violents conjugaux. Des mecs condamnés pour avoir frappé leur femme, et qui se retrouvent deux heures le vendredi pour discuter.

– Discuter de quoi ?

– De ce qui cloche chez eux. Pourquoi ça les déborde, pourquoi ils récidivent… Dix séances sur cinq mois. Tu veux en être ? »

Un groupe de parole. En raccrochant, j'avais l'image des réunions auxquelles se rend Edward Norton dans *Fight Club*. Un truc qui ressemblait aux Alcooliques anonymes ; une douzaine de types assis dans une pièce sans âme, et le protocole avant de vider son sac :

« Bonjour, je m'appelle Mathieu et je suis alcoolique.

– Bonjour, Mathieu ! »

Sauf qu'ici, ça donnerait : « Bonjour, je m'appelle Mathieu et je frappe ma femme. » J'ai soudain pris conscience que je ne l'avais jamais entendue, cette phrase : « Je frappe ma femme. » J'en touchai deux mots à Sonia Kronlund, une productrice de France

Culture, en mettant l'accent sur cet aveu. Si elle me filait un micro et un enregistreur, elle serait la première à le diffuser sur son antenne. Elle a eu l'air d'hésiter, avant de me faire suivre le mail d'une auditrice qui lui avait écrit le matin même.

Les boîtes de réception des médias nationaux débordent d'histoires d'anonymes persuadés que leurs problèmes sont à même de faire trembler la République. En général, il est écrit URGENT ou SCOOP dans l'objet du mail. Celui-ci était différent. Quelque chose dans le ton laissait transparaître une grande colère.

> Mon histoire témoigne de l'acidité du système judiciaire. À l'heure où beaucoup d'hommes déclarent « avoir peur de la chasse aux sorcières avec la vague MeToo », il me semble qu'il reste encore pas mal de marge.

L'autrice de ces lignes s'appelle Cécile. Elle a 31 ans, elle travaille à mi-temps dans une épicerie pour payer ses études. Elle me donne rendez-vous un dimanche après-midi, à Montreuil, et quand j'arrive je la trouve devant le rideau de fer d'un café, les poings fourrés dans les poches de son imper. Elle retire son bonnet, dévoilant une chevelure très noire, brillante, et me tend une main osseuse que je serre en essayant de sourire. J'ai un Nagra en bandoulière, un vieil enregistreur relié à un micro violet estampillé

France Culture. Coller un Nagra sous le nez d'une femme qui hésite à vous raconter comment elle s'est fait casser la gueule n'est pas le meilleur moyen de la mettre à l'aise. On marche à travers la ville, dans cette fausse normalité qui précède les interviews, à la recherche d'un endroit pas trop bruyant, et je sens qu'elle est tentée de s'arrêter pour me dire : « Non, désolée, je n'aurais pas dû, en fait je ne veux plus le faire. » On finit par trouver un café, on s'installe sous le miroir, le plus loin possible des piliers de comptoir. Elle commande un Coca, et en mélangeant les glaçons avec la rondelle de citron, elle lâche :

« Ça a commencé parce que j'ai dit à mon copain que je l'avais trompé.

– Comment il s'appelle, votre copain ?

– Julien. »

Cécile s'était retrouvée avec un choix à faire, entre l'option du silence et celle du « il faut que je te dise quelque chose ». Elle avait choisi la vérité, et vu son couple s'abîmer. « Ça faisait un mois qu'on vivait dans une ambiance merdique. Le 2 avril, il est allé travailler – il bosse dans la vidéo – et c'était une journée où je m'étais dit, il faut faire en sorte que les choses s'arrangent, donc j'avais acheté des fleurs et je m'étais mise en cuisine. Je n'avais pas eu de nouvelles, ce qui n'est pas son style, et vers 20 heures il est rentré. Il avait bu. Il s'est mis à me parler très mal devant son pote. »

Julien vit en colocation avec Ben, un ami d'enfance. Pour éviter de se donner en spectacle et pour fuir le conflit, Cécile se réfugie dans la chambre, mais Julien la poursuit en l'insultant. « Sale pute, salope, tout y passait. Je ne répondais pas. Je me disais qu'il allait se défouler encore un moment et que ça s'arrangerait. » Elle pense à ses entretiens d'embauche du lendemain, et à la promesse qu'elle s'est faite de se coucher tôt pour avoir l'air en forme devant les recruteurs. « Je minimisais le conflit, mais au bout de dix minutes à me faire traiter de pute, je l'ai poussé et je l'ai giflé. Là, dans sa tête, il y a un truc qui s'est enclenché : *OK, no limit.* » Elle ne se souvient pas de tout, mais elle sait qu'elle était assise au bord du lit quand le premier coup l'a atteinte au visage. « Je me suis retrouvée par terre. Il me jetait des trucs, des objets me tombaient dessus. Ensuite il m'a fracassé la tête contre le mur. J'ai réussi à rejoindre le salon pour alerter son coloc qui regardait un film sur l'ordi. Je lui ai dit : "Ben, là faut que tu viennes, c'est grave." Il s'est levé, il a fait semblant de retenir Julien pendant peut-être trois minutes, puis ça a recommencé. Des coups de poing, des claques énormes. Il m'a traînée par les cheveux sur le parquet. » Pendant quarante-cinq minutes – une mi-temps de football –, Cécile se fait tabasser sans discontinuer, jusqu'à ce qu'elle parvienne à s'enfuir dans les escaliers. Son voisin, un flic, l'intercepte.

« Il m'a dit : "Je connais le sujet, il faut que tu portes plainte sinon il va recommencer. À partir d'aujourd'hui, comprends bien que c'est fini entre vous. Il ne faut plus jamais que tu y retournes."

– Vous avez répondu quoi ?

– Ça faisait pas mal d'infos à encaisser. J'avais l'œil qui devenait bleu. Je pensais à mes entretiens et je me rendais compte que j'allais être défigurée. Je ne sais pas combien de temps je suis restée chez lui mais au moment où j'en suis sortie, j'ai reçu un message de Julien : "Je t'aime. Je suis désolé. Ne pars pas." »

Cécile fait une pause pour boire à sa paille. La machine à café siffle dans son dos. À la plonge, un mec joue un concert d'AC/DC avec des couverts et des assiettes. Ça m'inquiète pour le Nagra. Les types comme moi qui ne connaissent rien à la prise de son finissent toujours par se faire engueuler au montage parce qu'ils ont ramené une discussion super intéressante et totalement inexploitable. Je pousse le micro sur la table.

« Vous avez porté plainte ?

– Je voulais, mais j'en étais incapable. Au troisième jour, ma mère a senti que je n'allais pas y aller alors elle a posé sa journée. Au commissariat du 15e, c'était plein de dames super chics avec des yeux au beurre noir. J'étais clairement pas la seule avec un coquard.

– Vous êtes reçue par un policier ?

– On peut se tutoyer ? On a le même âge. »

J'acquiesce, elle souffle un « merci », et précise que le flic était un homme.

« Je ne lui raconte pas tout. Je sais que c'est super chaud pour Julien, donc je ne parle pas de la soirée avec mes copines où il a déboulé pour tout casser. Je ne parle pas du fait qu'il a marché sur mon visage, qu'il m'a tirée par les cheveux en me traînant sur le sol. Je minimise. »

Cécile écrit à Julien pour l'informer qu'elle vient de porter plainte. Il ne s'y attendait pas. Terrorisé à l'idée de se retrouver en prison, il la supplie de faire machine arrière. Leurs amis ont tous la même réaction : « Quand même, ta plainte, c'est grave pour Julien, il pourrait prendre du sursis. Maintenant, s'il fait la moindre connerie, il risque la taule… » Cécile hallucine. « Comment ça, "s'il fait la moindre connerie" ? Mais l'idée, c'est qu'il n'en fasse plus, non ? » Trois mois passent, sans nouvelles, puis elle reçoit un coup de fil d'une femme travaillant au commissariat du 19e : « Monsieur a porté plainte contre vous. »

« Je vais voir cette dame, et dans l'ascenseur bondé qui mène à son bureau, elle me parle comme si j'avais tabassé Julien. Sur le moment, je ne réponds rien, persuadée qu'elle doit se tromper de dossier. Elle me fait asseoir dans son bureau ouvert aux quatre vents, avec ses collègues qui viennent lui raconter la dernière blague entendue à la machine à café. Au milieu de tout ça, j'essaye de lui expliquer comment je me suis fait casser la gueule, et une fois que j'ai terminé, elle me dit : "Je dois organiser une confrontation avec votre copain, vos versions divergent trop." »

Et en effet les versions divergent, car dans sa déposition, Julien dépeint Cécile en folle furieuse qui se serait jetée sur lui. Il nie l'avoir frappée. Il parle de « violences involontaires ».

« Tout ça dans un dossier vide, puisqu'il a déposé plainte trois mois après les faits.

– Il y avait quoi dans ton dossier à toi ?

– Des photos de mes bleus, de mes bosses, prises par le médecin de l'institut médico-judiciaire. J'avais un énorme coquard aussi. Les ITT[1] physiques, c'était cinq jours, et psychologiques, dix jours. Mon dossier a été géré par un élève de troisième en stage d'observation, je ne vois pas d'autre explication. »

Le jour de la confrontation, Julien se présente accompagné d'une avocate. Cécile se souvient avoir pensé, qu'est-ce qui motive une femme à défendre un mec comme lui ? Elle en a une aussi, d'avocate, mais ayant avoué d'emblée qu'elle avait mis deux gifles, Cécile peine à défendre sa cause.

---

1. L'incapacité temporaire totale (ITT) correspond à la période – évaluée par un médecin – pendant laquelle la victime a été dans l'incapacité de mener sa vie de tous les jours.

« Quelques mois plus tard, je suis convoquée à nouveau dans le bureau de cette femme, un bureau dont les murs sont couverts de posters contre le harcèlement sexuel, les violences faites aux femmes… Je n'ai pas eu le temps de m'asseoir qu'elle lance : "J'ai une bonne et une mauvaise nouvelle, je commence par laquelle ? La bonne ? Votre casier judiciaire va rester vierge. La mauvaise, c'est que vous êtes coupable de violences sur votre conjoint et que vous avez l'obligation de suivre un stage de responsabilisation sur les violences conjugales."

– Julien, il a pris quoi ? je demande.

– La même chose. D'ailleurs, après le choc, j'ai eu la présence d'esprit de demander à cette dame d'éviter de nous mettre dans le même stage. Ça l'a offusquée : "Mais pour qui vous me prenez, je fais très bien mon travail !" »

Cécile a bloqué Julien sur les réseaux, et il a brusquement disparu. Plus de nouvelles.

« Ma mère a fini par lui envoyer un texto dans lequel elle a écrit : "Je n'aimerais pas être ta mère." C'est bête, mais ça m'a fait du bien. Je me suis sentie un peu protégée. Parce que toutes les autres figures d'autorité m'ont dit : "Mais de quoi tu te plains ?" »

Je lui demande ce qu'il en est de son père.

« Tu as dû remarquer que je ne parle pas de lui depuis tout à l'heure. C'est délibéré. Mon père m'avait déconseillé de porter plainte parce que "ça arrive de faire des conneries". Je ne sais pas s'il en a conscience, mais il prêche pour la paroisse des hommes.

– Il a vu tes blessures ?

– Il m'a vue défigurée.

– Tu t'attendais à ce qu'il veuille lui péter la gueule ?

– J'aurais aimé, oui. Pas qu'il le fasse, mais au moins qu'il le dise. D'une manière ou d'une autre, j'aurais aimé qu'il exprime une douleur pour ce qui m'est arrivé.

– Ta mère, il la frappait ?

– Non… C'est un homme qui a de grandes colères, tout peut y passer, même les murs de la maison. Mais il ne l'a jamais frappée. »

Elle s'arrête, semblant soupeser cette dernière phrase, comme s'il fallait la vérifier en fouillant à la va-vite dans le passé, puis elle lâche : « La violence flottait dans l'air, à la maison. Ça me fait réfléchir à ce qui m'est arrivé. Est-ce vraiment un hasard ? Ou est-ce que ces problèmes se perpétuent de génération en génération ? »

Je ne croyais pas qu'elle puisse trouver la réponse dans ce fameux stage de responsabilisation, mais elle devait y aller quand même. La date était fixée au 23 février. On était début octobre.

Je l'ai regardée qui s'éloignait vers le métro, son bonnet sur la tête, ses poings dans les poches, et je me suis demandé si cette fille était une anecdote, celle qui n'avait pas eu de chance, ou si, comme elle l'écrivait dans son mail, son histoire témoignait d'un système foireux dans lequel les femmes étaient toujours perdantes. Je n'avais pas la réponse. Je n'y connaissais rien.

Quand j'ai découvert l'existence de Harvey Weinstein, en 2017, je n'ai pas réalisé. J'ai trouvé qu'il avait la gueule de l'emploi, et je me suis étonné qu'il reste encore des mecs qui pèsent à ce point dans l'industrie du cinéma, mais je n'ai pas demandé à mes deux petites sœurs de 27 et 21 ans si elles avaient un « porc » à balancer. J'ai lu dans la presse, sur Twitter, les témoignages de ces femmes qui hurlaient dans toutes les langues : « Ce monde ne nous convient pas. » Je les ai lus parce que je suis journaliste et que c'était d'actualité, mais je ne me sentais pas concerné. Les mois ont passé. Je m'attendais à oublier le nom de ce producteur. Mais le mouvement #MeToo a résisté aux marées qui, d'ordinaire, ravalent les affaires pour les remplacer par d'autres. Il a duré, il s'est imposé comme un sujet majeur, notre « grande cause nationale », et un jour à la gare, je suis tombé sur un poche dont le titre était suffisamment connu pour qu'il me dise quelque chose : *King Kong Théorie*. Je l'ai acheté et j'ai découvert le récit que fait Virginie Despentes du viol dont elle a été victime à 17 ans.

> J'imagine que, depuis, aucun de ces trois types ne s'identifie comme violeur. Car ce qu'ils ont fait, eux, c'est autre chose. À trois avec un fusil contre deux filles qu'ils ont cognées jusqu'à les faire saigner : pas du viol. La preuve : si vraiment on avait tenu à ne pas se faire violer, on aurait préféré mourir, ou on aurait réussi à les tuer. Celles à qui ça arrive, du point de vue des agresseurs, d'une manière ou d'une autre ils s'arrangent pour le croire, tant qu'elles s'en sortent vivantes, c'est que ça ne leur déplaisait pas tant que ça. C'est la seule explication que j'ai trouvée à ce paradoxe : dès la publication de *Baise-moi*, je rencontre des femmes qui viennent me raconter « j'ai été violée, à tel âge, dans telles circonstances ». Ça se répétait au point d'en être dérangeant, et dans un premier temps, je me suis même demandé si elles mentaient. C'est dans notre culture, dès la Bible et l'histoire de Joseph en Égypte, la parole de la femme qui accuse l'homme de viol est d'abord une parole qu'on met en doute. Puis j'ai fini par admettre : ça arrive tout le temps.

Est-ce que ça arrive vraiment tout le temps ? J'en doutais. J'ai appelé ma mère. Elle a 62 ans et vit au Pays basque, à neuf cents kilomètres de chez moi. « Que les femmes qui subissent des violences le disent haut et fort, c'est très bien, me répond-elle quand je lui demande ce qu'elle pense du mouvement. Moi je ne me suis jamais sentie en difficulté par rapport à un homme de pouvoir. Mais c'est sans doute aussi parce que j'ai évolué dans un milieu féminin. » Elle était institutrice. Beaucoup de CP, un peu de maternelle.

« Donc tu ne pourrais pas dire #MeToo ? »

J'entends qu'elle hésite.

« Eh bien… Quand j'étais plus jeune, je faisais la baby-sitter pour une famille assez aisée. Le couple sortait souvent. Quand ils rentraient tard, le père me raccompagnait chez mes parents. Je devais avoir 17 ans. Un soir, sur le trajet du retour, il a coupé le moteur et il m'a sauté dessus. Il m'a embrassée de force. Il a… Il a essayé d'abuser de moi, quoi.

– Et ?

– Je me suis débattue, je l'ai repoussé et il a dû revenir à la raison. Je ne sais plus par quel miracle il s'est arrêté, mais ça aurait pu mal finir. J'étais vulnérable. À sa merci.

– Mais ça là, tu l'as déjà dit à quelqu'un ?

– Non. Curieusement, je me rends compte que j'ai gardé ça pour moi. Je n'en ai pas parlé. En même temps, à l'époque, ça n'aurait pas été possible, ça aurait fait des scènes terribles, et si ça se trouve j'aurais été mise en cause. Ça aurait très bien pu se retourner contre moi.

– Pourquoi ?

– Parce que mes parents avaient une vision des relations garçons-filles épouvantables. Cette année-là, l'année de mes 17 ans, un garçon m'avait invitée à danser dans une fête. Oh là là ! j'étais devenue la traînée du quartier. Ensuite ils ont refusé que j'aille à la fac parce qu'on *y faisait l'amour au fond des classes* – pour te dire à quel point ils étaient à côté de la plaque. Donc je savais que si j'étais rentrée à la maison en racontant ce qu'il s'était passé, ils m'auraient rétorqué : "Comment tu t'es comportée avec ce monsieur ? Ce ne serait pas plutôt toi qui l'as cherché ?" »

Elle m'a rappelé plus tard pour me dire que ça l'avait chamboulée de raviver ce souvenir, enfoui sous les couches du temps, et que même mon propre père n'était pas au courant. Ce que j'en retenais, hormis l'image d'une gamine de 17 ans qui se débat sur le siège passager d'une bagnole des années 1970 avec un type de l'âge de son père qui s'efforce de la déshabiller, c'est que ma mère aussi pouvait dire « moi aussi ».

Je me suis mis à poser des questions. Autour de moi, les filles avaient toutes des histoires. Seules dans la nuit, des amies avaient pris l'habitude de serrer entre deux phalanges la clé la plus tranchante de leur trousseau. D'autres avaient senti la pointe d'une lame contre leur gorge. Adèle, ma copine, m'a raconté sur un ton d'une banalité effrayante le nombre incalculable de fois où un type l'a suivie dans Paris. Un soir, le mec a insisté jusque dans les rayons du Franprix, place de la République. Il a fallu qu'elle demande la protection du vigile près de la caisse pour qu'il abandonne et s'en aille en quête d'une autre proie à terroriser. Elle ne comptait plus les regards salaces, les «je te baiserais bien», les mains au cul en remontant les marches du métro. Tout ça l'écœurait, mais elle faisait avec.

J'en étais là quand j'ai rencontré Cécile. Son histoire m'a étonné parce qu'il était question de violences conjugales, qu'elle avait 30 ans comme moi, et que son mec, Julien, était un Parisien tout à fait commun, à des années-lumière de l'image que je me faisais du mec violent: une brute alcoolique et bas de plafond, qui frappe sa femme parce qu'elle a brûlé le gratin ou trop salé la soupe.

Cécile m'a écrit dans les semaines qui ont suivi. Son stage avait été repoussé. Ça l'énervait, elle aurait aimé le traverser en apnée et passer à autre chose. Elle a fini par être convoquée un samedi d'avril et on s'est vus le lendemain. C'était étrange de l'accueillir chez moi; on ne se connaissait pas, mais il faisait trop froid pour s'asseoir sur un banc et les cafés de la rue des Pyrénées sont trop bruyants pour un enregistrement, alors Cécile a ôté son écharpe, elle s'est installée au milieu du canapé et, tout en fixant le Nagra posé sur la table basse, elle a rembobiné sa journée.

« Sur vingt-deux personnes, on était deux filles. Pour me protéger, j'imagine, je me suis assise à côté de l'autre fille. Les mecs parlaient des tromperies de leurs femmes, donc j'ai pris le parti de me présenter immédiatement comme celle qui avait trompé son copain, en leur expliquant qu'on n'était pas en Afghanistan et que j'avais quand même un peu le droit de le faire si ça me chantait. J'ai raconté que je lui avais mis deux gifles pour me défendre. Que par ailleurs je m'étais fait casser la gueule. Que j'avais eu cinq jours d'ITT. Et que j'étais là pour ces deux gifles.

– Qu'est-ce qu'ils ont répondu ?

– Rien... Mais mon discours sonnait vachement comme les leurs. Pour résumer, hier on était vingt-deux victimes. Et le problème, c'est que ça m'a bousillé le cerveau. Parce que moi aussi j'ai mis deux gifles. J'ai mis *que* deux gifles, c'est ce que je me raconte, mais en fait je suis comme eux. »

Sa voix se brise. Elle pleure un peu.

« Dans le récit que je m'en fais, je me suis défendue. Mais pour ces mecs, c'est pareil ; dans leur tête, ce sont eux les victimes. Victimes de ces nanas qui les ont trompés, qui les empêchent de voir leurs potes, de boire des verres. Donc, oui, bah oui, ils leur ont mis un coup, mais ils voulaient pas vraiment, c'est parti tout seul. Et au final, je suis la seule qui ressent de la culpabilité. Je suis la seule qui se demande si elle a un problème de violence. J'arrive pas du tout à dealer avec le fait que la justice me dise : “Ta place est là, dans ce stage de responsabilisation.” Il doit y avoir un sens, je le cherche, mais comme il n’y en a pas, ça me rend complètement folle. »

Les sanglots explosent dans sa gorge. Elle s’arrête un moment pour pleurer vraiment, comme si elle était seule dans sa chambre, bien qu’elle se tienne à trente centimètres d’un micro chez un inconnu. En la voyant si triste, j’ai envie de lui dire qu’elle est simplement tombée sur un sale type et une mauvaise juge. Que c’est un manque de chance incroyable, mais qu’elle n’y est pour rien. Je me retiens. Elle ajoute :

« Un type a pris la parole hier, et quelque part ça m’a touchée. Il a dit : “Tout ce qui m’est arrivé, les problèmes avec ma femme…” (Il appelle ça des « problèmes ».) “Au bout d’un moment, j’ai été mis devant les photos. Elle avait des bosses et du sang sur la tête. J’ai été obligé de reconnaître que j’y étais pour quelque chose. Mais même encore aujourd’hui je n’arrive pas à me dire que j’ai pu faire un truc pareil.” Enfin un aveu de son déni. Sauf qu’immédiatement après son voisin a dit : “Non mais c’est parce qu’elle t’a poussé à bout, mec !” Et il était d’accord. Elle l’avait poussé à bout. »

Elle sèche ses larmes.

« J’ai passé huit heures avec ces types. Le truc que je redoutais le plus, c’était les pauses, parce que c’est le moment où potentiellement tu te fais des amis

– j'aurais même pu me trouver mon prochain mec pendant qu'on y est, autant les chercher à la source. Et eux, ils se soutenaient : "On est dans la même galère." À la fin, il y en a un qui a dit : "Ça m'a fait du bien, j'ai rencontré des gens qui avaient le même problème que moi, c'était une journée sympa."

– Il avait fait quoi ?

– Comme les autres, il n'avait "rien fait". Il ne disait pas "ma femme", il disait "ma bonne femme", et ce qu'il racontait, c'est qu'il était rentré à 4 heures du matin avec des copains, pour continuer à boire des coups, et cette connasse ne voulait même pas les laisser tranquilles. Donc l'histoire c'était qu'il avait fini par tabasser sa "bonne femme" devant ses potes. Il a enchaîné sur la fidélité, un sujet qui les a vachement travaillés hier, en disant que les femmes jalouses c'est quand même ce qu'il y a de pire. "Elle a des raisons d'être jalouse, votre femme ?" a demandé l'animateur. Réponse : "Non, je l'ai jamais trompée. À part quand j'allais en club échangiste." On est à ce niveau de contact avec le réel. Il ne l'a pas trompée, il allait en club échangiste. De la même façon, il ne l'a pas frappée, il lui a fait un coquard. »

Cécile ne s'est pas calmée. Il était tard et elle avait vidé tout ce qui lui restait de rage, alors elle s'est levée et a marché sous la pluie jusqu'à une station de la ligne 9, au bout de la rue. Adèle est sortie de la chambre où elle s'était réfugiée pour nous laisser tranquilles. « Je l'ai entendue pleurer », elle a dit. Une heure plus tard, alors qu'on discutait tous les deux dans la cuisine en attendant la cuisson des pâtes, j'imaginais Cécile, elle aussi devant sa casserole d'eau bouillante, avec sa colère et ses questions sans réponses. Et puis je me suis demandé ce que devenaient les mecs de son stage. Les violents. Qu'est-ce qu'ils faisaient en ce moment ? Est-ce qu'ils s'ouvraient une bière en attendant de passer à table ? Est-ce qu'ils vivaient encore avec leurs femmes ? Est-ce qu'ils continuaient à leur taper dessus ? Est-ce qu'au fond ils se sentaient un peu coupables ? J'ai rappelé Arnaud, ma source. Il m'a envoyé une autorisation de reportage et comme ça, je me suis retrouvé à Lyon, dans un groupe de parole.

Béatrice Asencio prendra sa retraite à la fin de l'année. À 23 ans, sa liberté était sa seule richesse ; elle ne comprenait pas qu'on puisse la sacrifier pour de l'argent, un peu de gloire, du pouvoir, alors elle est entrée en prison, pour voir. Les premières fois, quittant la centrale, elle levait les yeux au ciel et se répétait : Regarde la chance que tu as. Elle y retourne encore, en détention, mais l'essentiel de son temps est consacré à éloigner les sortants de la récidive. Ils servent à cela, les groupes de parole : empêcher que les mecs rechutent. Par provocation, mais aussi parce que je me pose sincèrement la question, je lui demande si ces mecs la respectent. Elle paraît surprise.

« Ce n'est pas une question de respect, mais la phrase "De toute manière, vous ne pouvez pas comprendre, vous êtes une femme", c'est vrai que je l'entends souvent.

– Qu'est-ce que vous répondez ? »

Elle sourit.

« Je réponds que s'ils m'expliquent clairement, peut-être que je comprendrai mieux. Ils ne comprennent plus les femmes. J'ai l'impression qu'ils sont nostalgiques d'une époque, quand leurs mères étaient des domestiques qui prenaient soin de leur mari et n'avaient aucune revendication. Leur couple idéal, c'est le couple de leurs parents. Or quand on creuse deux minutes, on se rend compte que leurs parents, pour pas mal d'entre eux, vivaient dans la violence. Mais ils ne font pas le lien entre ce qu'ils ont vécu et ce qu'ils ont reproduit.

– Ils parlent facilement ?

– Ça dépend des groupes. Dans le précédent, un jeune nous a confié qu'il était le fruit de l'inceste entre son père et sa sœur. Il n'en avait jamais parlé. Il en a fait "cadeau" au groupe, et on l'a remercié. Ça lui a fait du bien de réaliser que son secret n'était pas accueilli comme une monstruosité. Généralement, les relations se nouent autour de la quatrième séance. En juin dernier, les participants se sont même retrouvés un samedi pour faire un barbecue. »

Je repense aux mots de Cécile : « J'ai l'impression qu'ils ont passé une bonne journée. C'était l'occasion de se faire des potes. »

Béatrice me fait patienter à l'extérieur, le temps pour elle de se présenter au groupe. Quand vient mon tour de la rejoindre, je découvre douze hommes assis en cercle face à un tableau Velleda, comme dans une salle de classe. Le plus jeune a 20 ans et le plus âgé 63. Lorsque, en commission de sélection, un conseiller pénitentiaire a suggéré leurs noms pour ce stage, pensant que ça leur ferait du bien d'être confrontés à leurs pairs, il n'a pas mentionné la présence d'un journaliste. Je leur expose d'emblée l'idée d'un podcast sur la violence des hommes.

« C'est en direct ? demande un participant.

– Non, il est éteint là, je dis en jetant un œil au Nagra posé devant moi. Je vais vous enregistrer et je ferai un montage à la fin.

– Vous bossez pour qui ? » lance le mec assis à côté.

Il est jeune. Vingt-cinq ans à tout casser. Il porte un jogging et fronce les sourcils.

« C'est la juge qui vous envoie ? il insiste. Ce qu'on va dire ici, vous allez lui rapporter ?

– Non. Je n'ai rien à voir avec la juge. Je suis journaliste.

– Ouais… Eh bien, moi je veux pas être dans votre truc. Vous enregistrez pas ma voix. »

Les autres se jettent un regard pour la forme avant d'acquiescer d'un geste d'épaules. Je prends place dans le cercle. Le jeune en jogging, on ne le reverra plus. Quand, à la fin de l'heure, les mecs se lèvent dans un froissement de blousons, Béatrice ferme la porte dans le dos du dernier et se tourne vers Laurence, sa collègue. Laurence a 43 ans, elle est mariée et mère de deux filles qui vont à l'école primaire. C'est seulement son deuxième groupe de parole en tant qu'animatrice.

« On a du boulot ! lâche Béatrice.

– Je les trouve plutôt calmes, je dis.

– Quand tu attendais dans le couloir, on a fait un tour de table, explique Laurence. Nom, prénom, âge, profession, pourquoi la personne se retrouve dans ce groupe, est-ce qu'elle a fait de la prison… Trois hommes se présentent comme victimes. Notamment un qui a répété : "Je ne sais pas ce que je fous là. Je n'ai rien à faire parmi vous. Je ne comprends pas !"

– Qui a dit ça ?

– Jean-Luc. Celui qui t'a demandé si c'était du direct. »

Jean-Luc est le plus âgé. C'est un grand échalas aux cheveux blancs qui a fait toute sa carrière dans la banque. Les mots lui viennent facilement, ce qui est une bonne chose pour la dynamique de groupe, mais en l'occurrence il a passé son temps à répéter qu'il vivait toujours avec sa femme, que ça faisait quarante ans qu'ils étaient mariés et que ça marchait très bien, la preuve, le lendemain de son procès, ils sont partis en voyage à Séville. Le gars assis à sa droite a embrayé pour dire que lui non plus ne comprenait pas ce qu'il foutait là, et ça a continué sur ce ton jusqu'au dernier.

« Tu as senti ? demande Laurence.

– Oui, il avait bu, acquiesce Béatrice. Pas au point d'être bourré, mais il sentait l'alcool. Ce n'est pas rare. Les hommes ont parfois besoin d'un verre avant la première séance, pour se donner du courage. Il faudra faire attention la prochaine fois. »

Pour me donner un aperçu, ou me rassurer sur l'efficacité du groupe, Béatrice m'a proposé de rencontrer un ancien participant. Un mec hostile au stage, que le juge avait dû menacer de renvoyer en taule pour qu'il accepte de s'y rendre, et qui, au fil des semaines, avait fini par changer. Cet homme s'appelle Morcine, il a 44 ans. Quand il arrive, ses mains épaisses, ses chaussures coquées et les jambes de sa salopette sont constellées de taches de peinture. Il bosse sur des chantiers. Il a envie de parler.

« Le problème, c'est que je suis un nerveux. Un impulsif. Depuis tout petit. Et la vie familiale, je la voyais pas aussi difficile que ça. Deux caractères forts qui se rencontrent, c'est pas facile. On était comme deux étrangers à s'engueuler pour un oui ou pour un non, et dans ce cercle vicieux, j'ai voulu montrer que c'était moi le plus fort. Et j'ai gagné.

– Quand vous dites “J'ai gagné”, vous parlez du jour où votre femme a porté plainte ?

– Ça a été loin, oui. On est arrivés à se foutre sur la gueule. J'ai une femme qui se laisse pas faire. Elle a raison. On s'est retrouvés face à face : "Qu'est-ce que t'as, qu'est-ce que t'as ?" Et comme je vous ai dit, je suis impulsif. Un coup est parti. Elle m'a sauté dessus et je vous laisse imaginer la suite. Deux chiens. C'est les voisins qui ont appelé la police. »

Il marque une pause.

« Je le nie pas, c'est ma faute. Mais quand on voit quelqu'un comme moi qui démarre au quart de tour, en face on essaye de faire en sorte… pas de se rabaisser, mais de se dire, tiens, il est énervé, on va pas trop l'embêter. Un couple, c'est comme un navire. Y a qu'un seul commandant. Deux commandants pour manœuvrer la barre, le bateau, il coule. Mais c'est pas parce que je suis le commandant que je dois tout gérer. Le groupe m'a ouvert les yeux là-dessus. Elle a des droits, comme moi. »

Cette phrase sonnait comme un rappel : « Souviens-t'en, ta femme a des droits, comme toi. »

« Dans l'urgence, bien sûr, il faut que les gens se séparent, mais le monsieur, on le met où ? Il a fait la faute, il a levé la main, il reconnaît. Mais on le met où ? On n'a aucun endroit, aucune structure. Il y a plein de trucs pour les femmes : femme isolée, femme battue, femme ceci, femme cela. Mais les hommes ? Vous vous rappelez le mec qui s'était mis en haut de la grue pour avoir le droit de voir ses enfants ? Eh bien, c'était pareil pour moi. Tu veux les voir ? Passe à 14 heures. Si tu arrives à 14 h 10, c'est trop tard. »

Le « mec qui s'était mis en haut de la grue », je le connais. Il s'appelle Serge Charnay. Je l'avais rencontré en 2013 à l'époque où je bossais pour *Libération*. J'ai retrouvé le portrait, on l'avait titré « Le père perché ». L'histoire, c'était que Serge Charnay était séparé de la mère de Benoît, son fils de 6 ans, et après trois « fugues » avec son môme sans donner de nouvelles, il avait perdu la garde. Je me souviens d'un type sympa et un peu gauche, chaussures de randonnée et sac à dos, une casquette pour cacher sa calvitie et un chouchou pour rassembler dans le cou ce qui lui restait de cheveux. Il m'apparaissait comme un mélange de colère et d'amertume, tout cela enveloppé dans une certaine immaturité. « Même quand on vivait sous le même toit avec mon ex, je n'arrivais pas à avoir Benoît pour moi tout seul », m'avait-il expliqué, incapable de reconnaître dans cette phrase la réaction d'un enfant qui refuse de partager son jouet. Si Morcine cite Serge Charnay, c'est parce que le mec en haut de la grue est devenu un symbole, un porte-drapeau pour les pères qui se sentent amputés d'un enfant.

« Ma femme, elle est blanche de peau. Quand elle pleure, elle rougit. La police m'a dit : "Tu l'as tabassée." Ils l'ont prise en photo comme ça, *clac clac*. J'avais plein de griffures sur le visage, j'ai dit : "Moi aussi faut me prendre en photo", mais ils ont pas voulu. J'ai dû les prendre moi-même avec mon portable, et le jour du jugement j'ai voulu les montrer, on m'a carrément ignoré, moi, l'homme. J'étais dans le box : voilà le coupable, le voyou. Moi, père de famille, du jour au lendemain je me suis retrouvé à dormir sur le béton. Tout ça pour une dispute ? »

Je lui pose une question que je ne vais plus cesser de poser, dorénavant : d'où venait la dispute ?

« Je vais vous dire, monsieur, en fait, y a pas vraiment de raison. Ce sont des petits trucs qui s'additionnent les uns aux autres. Un mec comme moi, qui est nerveux, qui dégaine vite, il lui en faut pas beaucoup. Ce jour-là, y avait la table qui nous séparait, madame s'est levée face à moi, presque en jetant le bébé sur le canapé, et je lui ai dit : "Oh, tu veux quoi ? Tu veux faire un combat ? Tu veux qu'on se bagarre ?" Et comme un con je me suis levé : "Vas-y, je vais te montrer c'est quoi un homme !" Et boum badaboum, c'est parti. Les voisins ont entendu crier, ils ont appelé le 17. Et je me suis retrouvé avec six mois de sursis, mise à l'épreuve, interdiction de voir mes enfants, interdiction de voir madame. Elle a obtenu l'appartement, je suis reparti une main devant une main derrière. Mais le parquet que j'ai posé, la télé que j'ai achetée, la chambre des enfants que j'ai décorée, tout ça fait partie de mon sang. Comme ma femme elle fait partie de moi, et moi je fais partie d'elle. Dans ces petits trucs où y a pas mort d'homme, on pourrait au moins proposer des médiations. Et puis si ça marche pas, on fait un divorce. Mais juger comme ça directement l'homme, je trouve ça trop sec, trop méchant. »

Il laisse un silence, le temps de redescendre. En revivant les événements, son ton est monté.

« Je reconnais mes erreurs. La violence conjugale. J'ai été trop loin, je reconnais, j'ai été puni, on m'a condamné. Mais ça arrive à tout le monde de péter un câble. Celui qui me dit non, c'est un menteur.

– Vous avez appris quoi, dans ce groupe de parole ?

– J'ai appris à laisser faire. Laisser couler. Avec ma femme, on va recoller les morceaux comme ça. J'apprends à dire oui même si elle a tort. J'ai appris à baisser la tête. Parce que maintenant, y a la police derrière. "Attention ou je fais le 17 !"

– C'est ce qu'elle dit ?

– Elle le dit de moins en moins, mais elle le disait, oui, et ça fait mal. Ça veut dire "tiens-toi à carreau". Parce que, malgré mon interdiction, j'y vais, à la maison, et je peux me faire contrôler. J'habite Vaulx-en-Velin, c'est bourré de gamins qui font les cons dehors, je peux me faire contrôler en moins de deux secondes. Et ça fait peur. C'est pour ça, j'ai bien aimé le groupe parce que chacun venait avec son cas. Y en avait même un qui avait pas frappé sa femme. Il avait quoi à gagner à nous mentir, nous qui étions tous là pour les mêmes affaires ? Il disait : "Je vous jure, je lui ai juste gueulé dessus, ils sont venus, ils ont pas cherché à comprendre, violences conjugales, hop, six mois ferme." »

Son impulsivité, sa capacité à « dégainer vite », Morcine l'attribue aux quatre années de prison qu'il a tirées quand il avait 20 ans. Il en parle comme d'un accident. Défoncé en festival – les Transmusicales, à Rennes –, il s'est embrouillé avec un mec tout aussi raide, et dans la bagarre le gars a chuté tête la première sur le bitume. Coma. Jugé aux assises pour tentative d'homicide, Morcine ne s'en est jamais tout à fait remis.

« J'avais 20 ans et une semaine, j'étais qu'un gamin, j'avais même pas de barbe. Je me suis retrouvé en prison avec le violeur de Redon, avec les gitans, et ces gens-là faut leur montrer qui est le patron. J'ai pas eu le choix. Ça marque beaucoup, ça. C'est resté dans ma peau. L'autre fois j'ai prêté 50 euros à un mec, il a mis six mois pour me les rendre. Il a pris une tarte. Voilà. Parce que je roule pas sur l'or et que le peu que je gagne je le mets de côté, je le joue pas au tiercé.

– Vous avez peur de péter les plombs à nouveau ?

– Non. Non, non, non. Si je sens que ça monte, je prends la bagnole et je vais faire un tour. L'autre fois, en voiture, y a un mec qui a insulté ma mère et tout, j'ai continué de rouler. Avant le groupe, peut-être que je me serais arrêté en plein périph, mais maintenant, ça m'intéresse plus. Pareil avec ma femme, elle s'énerve, je laisse gueuler. »

Je lui demande, justement, ce que sa femme pense de tout ça.

« Elle regrette d'être allée jusqu'à la plainte. Elle pensait pas que ça irait si loin. Tout ce cinéma. Parce qu'on lui a un peu forcé la main, aussi. Elle m'a raconté... "J'ai dit à la policière : 'Je veux juste qu'il recommence pas. Faites-lui peur', et la dame a répondu : 'Déposez plainte, parce qu'il va recommencer. Une fois qu'il aura cette menace sur la tête, il aura une pression.'"

– Vous l'avez, cette pression ?

– Bah oui. Pourtant, on est bien ensemble, avec ma femme. Je vais vous dire une phrase un peu bête, je sais pas si je vais passer ou pas dans votre émission, si des femmes entendront, mais depuis qu'elles ont le droit de vote, le droit de porter des minijupes, on n'a plus aucun droit nous les hommes. "Non, je couche pas ce soir." Ah, c'est toi qui choisis quand tu veux ? C'est comme ça ? Elle travaille, elle achète ses propres sapes, elle se démerde, pourquoi elle aurait besoin d'un homme ? Avant, les divorces étaient rares, aujourd'hui sur trois mariages, y a deux divorces. Pourquoi ? Parce que la femme est devenue autonome. Elle a plus besoin de bonhomme. Mais nous on n'est pas contre le fait que vous avanciez, que vous preniez votre autonomie, que vous gagniez de l'argent, au contraire, ça en fait plus à la maison. »

Il laisse un silence à nouveau.

« Enfin… je sais pas. C'est pas que je sois macho. Loin de là. Je suis ouvert à tout, les homos et tout, les gens ont le droit de faire ce qu'ils veulent, mais l'État doit trouver un juste milieu pour ces problèmes de couple. On a juré pour le meilleur et pour le pire. Vous prenez que le meilleur. Le pire, vous nous le laissez. »

Puis, comme s'il s'adressait à sa femme, il s'empare de la deuxième personne du singulier :

« Tu critiques ma bagnole, c'est bien beau, mais au moins t'es pas à pied. Tu veux un jet, une Ferrari ? J'ai pas les moyens. Fallait te marier avec quelqu'un d'autre. Mais regarde la maison, il te manque rien. T'as même l'aspirateur qu'on accroche au mur. T'as tout. Regarde, fais le tour, dis-moi ce qu'il te manque. Tu veux que je fasse le ménage à ta place ? Pas de souci, faut que tu travailles, que tu ramènes l'argent. Moi je lave pas la vaisselle parce que je me lève à 6 heures, je vais bosser sur le chantier, le soir je rentre je suis gelé, les pieds ils veulent se casser en deux. Je fais de la charpente, de la ferraille, chaque morceau pèse quatre cents kilos, faut les prendre à la grue. Et toute la journée je bosse à la masse, avec les burins, et je rentre le soir, y a rien de prêt ? Ou c'est à la dernière minute, on me prépare une omelette ? Je me suis marié pour qu'on me fasse des omelettes ? »

On s'est serré la main. Morcine m'a semblé soulagé. Il avait lâché ce qu'il avait sur le cœur, sans que j'intervienne pour dire : « Attendez, il y a méprise, on m'avait parlé d'un gars qui avait changé. » Il me faisait penser à Patrice, un personnage de *Vernon Subutex*, encore un livre de Virginie Despentes :

> C'était des conneries ces groupes de parole. Ça n'allait jamais au cœur du problème : sans la colère, qu'est-ce qu'il devenait ? Un type qui se la ferme quand on lui vole la place de parking qu'il attend depuis dix minutes ? Une lavette qui ne répond pas quand un merdeux de 15 ans insulte sa meuf dans la rue ? [...] Toute la journée il se faisait entuber. Quelle attitude devait-il adopter ? Siffloter en sachant qu'il appartenait à la classe sociale des punching-balls, des paillassons, des urinoirs ?

Je me suis demandé pourquoi Béatrice avait voulu que je le voie.

Laurence se contorsionne sous une table à la recherche d'une prise électrique. Elle est venue ce matin avec un paquet de gâteaux et une machine à café qu'elle présente comme étant celle de son mari, l'ensemble devant servir à détendre l'atmosphère, tenter de créer les conditions d'une discussion informelle dans ces fameux moments de pause que redoutait Cécile, ceux au cours desquels, après tout pourquoi pas, on se fait des amis. Elle vient de raccorder la machine quand son téléphone vibre sur le bureau. Elle écoute une première fois le message avant d'enclencher le haut-parleur. Une voix de femme, très polie, s'élève dans la salle.

« Bonjour, madame, je me permets de vous appeler, je suis la conjointe de M. Berton. Et en fait, il a attrapé un rhume, il est bien fiévreux, il a la tremblote, tout ça. Il est au lit et ne pourra pas être là cet après-midi, donc je me permettais de vous appeler pour vous tenir informée. Pardonnez-moi si je vous appelle à 13 h 39 mais avec la petite, aussi, c'est pas bien évident. Enfin. M. Berton Christian ne sera pas présent suite à son rhume. Et si vous avez besoin de justificatifs, aucun problème, il les aura. Merci beaucoup. Au revoir. »

Laurence sourit. « Classique : c'est la maman, la sœur, la compagne, qui se charge des corvées. Là, c'est la victime qui appelle pour excuser monsieur, qui est donc enrhumé. Et il s'en aperçoit à 13 h 39, vingt minutes avant la séance. »

Aujourd'hui, les participants sont priés de mettre le doigt sur ce qui les fait dégoupiller. « Choisissez les sources de conflit », propose Béatrice en leur distribuant une feuille sur laquelle on trouve un certain nombre de thèmes : l'argent, le travail, la sexualité, la religion, les amis, les sorties…

« Mais le plus important, ça y est pas, se plaint Azzedine, le benjamin du groupe. Il a 20 ans.

– Vous parlez de quoi ?

– La fidélité.

– Rajoutez-le. Numérotez ce qui a posé problème dans vos couples. »

Ahmed se gratte la tête. Il ne voit pas quelle case il pourrait cocher. « On est de la même culture, on part en vacances ensemble… » Ahmed est né en Tunisie. Pour faire bouillir la marmite, il bosse dans le bâtiment. Des horaires délirants. « L'argent, c'est moi qui finance tout, mais c'est pas un problème, le logement, rien à dire, la sexualité, quand j'ai envie elle a envie... » Avec sa femme, ils ont trois enfants.

« Il y a bien des prises de tête, relève Laurence.

– Parfois je rentre un peu tard à la maison. Elle me dit : "Tu sors jamais avec nous, avec les petits, tu préfères tes potes." »

Azzedine lève le nez de sa feuille. Il a fini.

« J'ai mis les amis aussi, parce que c'est le même problème : "T'es toujours avec tes potes." Ensuite j'ai mis l'infidélité, *ex æquo* avec la sexualité. Enfin, elle m'a pas trompé mais c'est une femme qui veut plaire à tout le monde. Même si elle va pas forcément faire des choses avec d'autres hommes, elle veut les avoir.

– C'est une séductrice, intervient son voisin, Ludovic.

– Voilà. Par exemple, on va être dans la rue, un groupe de mecs va me demander du feu, et c'est elle qui va répondre. Alors qu'ils m'ont demandé à moi.

– Et ça vous fait quoi ? demande Béatrice.

– Ça me crispe. Ça se fait pas. Et après ça va se plaindre quand je vais faire pareil. »

Ludovic opine du chef en silence, Béatrice l'invite à nous livrer sa liste.

« Elle avait toujours peur de l'abandon. Ça la mettait dans des crises d'hystérie, et ça amenait beaucoup de conflits. Après, j'ai eu des cas atypiques qui sont pas dans votre grille. Des problèmes d'ego. Des comportements déplacés…

– Qu'est-ce qui venait de vous ? demande Laurence.

– Je sais pas. Peut-être que j'étais pas assez rassurant. Mon attitude, je pense qu'elle était honorable. Je me maîtrisais, mais je ne maîtrisais pas la personne que j'avais en face de moi.

– J'ai l'impression que vous êtes bloqué, ose Laurence.

– Pardon ? Être bloqué, c'est venir ici toutes les deux semaines.

– Votre situation m'interpelle parce que vous revenez toujours au même point, avec la même phrase.

– Mais c'est la seule que j'ai ! On me reproche quelque chose que je n'ai pas fait. On me fait passer pour quelqu'un d'autre. J'avais pas à connaître ce chemin.

– Sauf que vous y êtes, sur ce chemin. Qu'est-ce que vous en faites ?

– J'en fais rien. J'ai rien demandé. On m'a mis dans une situation qui n'est pas la mienne. Parce qu'il y a des femmes qui se font violer, on va interpeller les grands costauds ? »

Ludovic, un visage de gendre idéal posé sur des épaules en angle droit, fait un bon mètre quatre-vingt-dix et doit peser dans les cent kilos. Il est persuadé d'être la victime du complot de ses ex-copines, liguées contre lui pour le faire tomber, et « par manque de moyens », la police aurait refusé d'enquêter. En attendant sa réhabilitation, il ne se sépare plus de la pochette rouge qui contient tous les mails et textos échangés avec les femmes qui ont traversé sa vie. Cette pochette, il en est persuadé, prouvera son innocence. « Que ce soit devant des avocats ou la justice, jamais j'accepterai de reconnaître une addiction à la violence, jamais de la vie. Je vais encore le répéter même si c'est un peu primaire : moi si je tape une femme, elle pourra pas aller porter plainte, hein, c'est une certitude. Ou alors c'est pas elle qui le fera. »

Ludovic est persuadé qu'une révolution a inversé le rapport de forces. Les femmes ont le pouvoir, ça y est, et elles s'en servent. « Dès qu'une fille est en désaccord avec son compagnon, elle a tendance à le provoquer, je l'ai vu. "Tape-moi !" Elle cherche le contact physique pour pouvoir ensuite dire qu'elle s'est fait taper dessus. » Malgré ses cinq condamnations pour violences, Ludovic ne vacille pas : « J'ai 43 ans et suffisamment de recul sur la vie. Ma ligne de conduite, je la connais par cœur. J'ai été marié huit ans. Avec mon ex-femme, ça se passe très bien. Elle m'a même prêté de l'argent pour que je rebondisse. Plein d'autres petites copines n'ont pas compris ce qui m'arrivait. Donc un problème avec les femmes, non, je pense pas en avoir. »

J'avais l'impression que la disposition de la salle, le fait d'être seul à prendre la parole face à tous ces hommes qui le couvaient du regard, tout ça l'encourageait à en faire des tonnes. Je savais, pour l'avoir vécu en tant que mec ayant grandi dans un groupe de mecs, qu'on n'est jamais vraiment soi-même face au collectif. On joue un rôle, on en rajoute. À la pause, je suis allé lui parler.

« Mon ex a voulu se venger et elle a très bien réussi. Je me suis fait avoir. Elle a porté plainte avec une attestation médicale, et comme elle était de mèche avec ma copine précédente… Elles se sont mises en contact toutes les deux, à me faire passer pour quelqu'un…

– Parce que votre première compagne avait porté plainte elle aussi ?

– Oui, pour des faits ridicules. On s'était disputés et j'avais renversé une table basse dans son appartement. On m'a reproché d'avoir tapé… Je suis colérique, j'ai renversé la table, j'ai cassé un carreau, oui, mais physiquement je n'ai jamais fait de mal à une fille.

– Et vous avez été condamné ?

– Récidiviste, ouais. J'ai fait trois mois et quatre semaines de prison.

– Vous avez l'impression d'être victime d'une erreur judiciaire ?

– Un petit peu. »

Je savais qu'il avait atterri dans ce groupe parce que sa conseillère ne tirait plus rien de leurs entretiens individuels. J'étais passé la voir à son bureau pour qu'elle se replonge dans le dossier : « La qualification pénale exacte, c'est "menace de mort sur conjoint et violences sur cette personne suivies d'une incapacité totale de travail n'excédant pas huit jours". Il y a également des dégradations d'un bien lui appartenant, et usage de chèques contrefaits. » Ce groupe de parole, c'était un peu la dernière chance.

Fin de la pause. Laurence rappelle à Ludovic qu'à la dernière séance il a évoqué un membre de sa famille victime de violences, « pour de vrai ».

« Ma propre sœur, violentée par son mari. Elle ne s'est jamais plainte, elle ne voulait pas faire de vagues. Elle s'est séparée de lui, mais elle n'a jamais fait de revendications auprès de la justice. Elle aurait peut-être dû, parce qu'il y a des fois où il y a vraiment matière.

– Vous nous dites finalement que les vraies victimes ne portent pas plainte ? insiste Béatrice.

– Certaines ne le font pas alors que ce sont de véritables victimes, oui. Et à côté on voit des filles en crise d'hystérie qui vont dire à leur chéri : "Tape-moi ! T'as qu'à me taper !", qui provoquent le contact physique et qui après se servent de la justice en inventant des blessures auprès des services d'urgence et de la police. Des filles qui déclarent un ou deux jours d'ITT, et on conduit leur compagnon en prison ?

– Les femmes ont le pouvoir avec la justice, embraye Azzedine. Elles nous tiennent.

– Moi, la prochaine fille que je vais rencontrer, en sachant ce qu'il m'est arrivé, si on se dispute, elle va dire : "Oh, tu m'as tapée !", ce sera une facilité pour elle. Et ne me dites pas que ça n'arrive pas, je l'ai vécu. Pourquoi ça reviendrait pas ? C'est facile : "Je connais ton passé, Ludo, t'es un violent", et allez on fait ressortir les vieux dossiers ! »

Envisager la relation avec cette angoisse au ventre, c'est partir du principe que la terre est peuplée de mantes religieuses, et que tout ce qui les intéresse dans l'amour, c'est le repas qu'elles feront de vous, juste après. Ça doit être difficile d'avoir si peur des femmes tout en voulant coucher avec.

« J'ai que 20 ans, dit Azzedine. Un jour j'espère, je vais me marier, et s'il y a une grosse dispute, ça va revenir sur la table, elle va me dire : "Je vais inventer que tu m'as tapée", et hop, prison.

– Vous avez vraiment peur de ça ? demande Béatrice.

– Ah trop ! J'y pense tous les jours. Le jour où je me remets avec une femme, je suis dans la merde. Elles se sont tellement fait marcher dessus qu'aujourd'hui c'est terminé, c'est la vengeance. Et la vengeance, elle est glacée. »

Je le lis dans leurs soupirs, Béatrice et Laurence commencent à désespérer. Pour bousculer le groupe, elles modifient le programme en diffusant un court métrage, *Tom et Léna*, qu'elles réservent d'ordinaire aux dernières séances. C'est l'histoire d'un frère et d'une sœur qui reviennent vider la maison de leur enfance et qui, passant de pièce en pièce, se rappellent l'enfer que leur a fait vivre leur père. Tom, l'aîné, refuse de s'éterniser.

> «Bon et cette cuisine, t'as terminé de la vider ?
> – C'est pratiquement fait, répond sa sœur. J'ai même frotté les murs ! Par contre, j'ai pas réussi à faire partir la tache de la fois où papa a lancé la cafetière. »
> Tom s'arrête.
> « Tu te souviens de ça ? T'étais minuscule. Tu savais même pas parler.
> – Je me taisais, c'est pas pareil. C'était pas passé loin de sa tête cette fois-là. »

Un peu plus loin dans le film, Tom se remémore une scène, sur la route des vacances.

> « Maman lisait la carte, mais bon tu penses bien, elle la lisait pas assez vite. Elle a donné une mauvaise info, ou alors trop tard. Pour détourner l'attention je me suis mis à chanter une petite chanson qu'on m'avait apprise à l'école. Maman s'est retournée pour me faire un sourire, et là il a pilé net. Il a ouvert la portière, il l'a dégagée. Et il a redémarré. Je voulais disparaître au fond de mon siège… Ensuite il a fait une marche arrière, sur l'autoroute, pour retourner la

récupérer. Il nous a ramenés à la maison en lui hurlant dessus, comme quoi c'était de sa faute si on ne partait plus en vacances… Tu dormais, toi.

– Je m'en souviens, je crois. Je me souviens, après, quand maman est venue nous chercher dans notre chambre. Elle a rien dit. Nous non plus on n'a rien dit. Personne n'a rien dit. On a fait comme si tout était normal. On a dîné. Il faisait totalement nuit.

– J'aurais tout donné pour que tu ne voies pas ça. »

Le film dure un quart d'heure. Les mecs semblent si captivés par le jeu des acteurs que j'en ai mal pour eux. Je me dis qu'il y en a forcément un pour se reconnaître là-dedans, pour y voir la douleur de ses enfants. Béatrice rallume la pièce sur le générique et je cherche des joues brillantes de larmes.

« Ah, c'était quoi comme film ? » lance Bahia, pas inquiet de son retard. Il prend le temps de serrer des mains. Béatrice lui demande de s'asseoir.

« Ce qu'on a vu, c'est deux enfants, le père il tapait leur mère. La mère, elle est morte, souffle Mustapha avec sa voix de fumeur. Pour schématiser, c'est ça. Le père était violent. Mais je comprends pas pourquoi vous nous montrez ça.

– Parce que les enfants sont traumatisés, répond Jean-Luc.

– De quoi ils parlent, les enfants ? demande Laurence.

– De la cafetière qu'il lui a envoyée dans la gueule, la fois sur l'autoroute, mais moi ce que j'aimerais comprendre, c'est pourquoi vous nous avez montré ça, insiste Mustapha.

– Bah, parce qu'on est là pour violences conjugales, dit Azzedine.

– Ah non, moi j'ai rien à voir avec ça ! coupe Mustapha. Il faut être débile pour faire ça. Faut avoir un problème au cerveau. Tu lances pas une cafetière sur quelqu'un… »

Béatrice l'invite à se remémorer son enfance. Un vrai silence s'installe. Puis Mustapha dit : « Non, mais c'est pas la même culture. Mes parents, ils ne savaient pas lire, pas écrire. On n'est plus dans la même société. Maintenant pour une petite histoire, *bim*, les flics tout de suite. Moi mes parents ils me mettaient des fessées. Et j'ai pas l'impression que mon père a été violent avec moi. C'était une éducation normale. » Béatrice se tourne vers Jean-Luc et ses 63 ans. Il soupire :

« J'en ai marre. Ça sert à rien.

– C'est à vous de nous dire pourquoi on est là, tranche Mustapha en fixant les animatrices. C'est vous la justice.

– Vous ne savez pas pourquoi vous êtes ici ?

– Y a des femmes qui se font tuer dehors.

– Attendez, si vous aviez tué votre femme, vous ne seriez pas là, je vous rassure, vous seriez en prison. J'ai l'impression à vous entendre qu'il n'y a que des innocents autour de la table, mais, messieurs, vous êtes quand même tous ici parce qu'il y a eu une condamnation.

– On peut condamner n'importe qui avec n'importe quoi, dit Ludovic.

– Vous pensez que les juges n'ont rien dans les dossiers quand ils condamnent les gens ? demande Béatrice.

– Ma femme, elle a porté plainte, elle avait rien, dit Mustapha. Jamais je l'ai frappée, hein, parce que si je lui avais mis une claque, elle serait à l'hôpital, c'est sûr et certain, je lui aurais pété la mâchoire. Et je leur ai dit, aux flics : "Mais attendez, elle a rien c'te femme, là ! Je lui ai pas cassé la jambe ! J'arrive pas à comprendre. Je suis pas un criminel !"

– Votre femme, Mustapha, elle a dit quoi ?

– Elle a dit que je l'avais battue. »

Laurence tente une autre approche.

« Vous pensez que si ça ne laisse pas de trace, il n'y a pas eu de coups ?

– Bah oui.

– Bah non.

– Ah, je vous assure, si je vous mets un coup, je vous laisse une trace. »

Elle prend une profonde inspiration.

« Quand j'étais à l'école primaire, en CP, j'avais une maîtresse très méchante, qui nous frappait. J'ai fait mon année, je suis passée en CE1, puis en CE2, et j'ai tout oublié. L'an dernier, ma fille est passée en

CP. Le jour de la rentrée, j'ai eu des crises d'angoisse. À 43 ans, tout m'est revenu. Les filles, elle leur tirait les cheveux. Les garçons, elle les frappait et leur passait la tête sous le robinet d'eau froide, dans le lavabo. Elle faisait très attention à ce que cela ne laisse pas de traces, sinon les parents l'auraient remarqué. Eh bien, elle n'a jamais été punie, cette femme. »

Mustapha n'avait pas vu venir cette histoire, mais elle ne le bouleverse pas plus que cela.

« J'ai grandi dans un quartier, y avait de la drogue, de la violence, j'ai jamais eu de problèmes, pas de casier, rien, dit-il. Il a fallu que je vive en couple pour avoir des soucis avec la justice. J'ai fait trois jours de garde à vue, on aurait dit que j'avais commis un crime. C'est quoi ce délire ?

– Vous vous seriez mis quoi, Mustapha ?

– Je sais pas… un stage psychologique. Mais ma femme, pourquoi elle n'a rien eu ? Elle a ses gosses, elle a ses aides, elle est tranquille. Moi je suis retourné vivre chez mes parents. J'avais même pas le droit de voir mes gamins !

– Alors que t'es peut-être plus stable qu'elle dans la tête, intervient Ludovic. Je connais pas madame, mais bon… Dans ces cas-là, quelqu'un qui n'est pas forcément violent peut le devenir. Moi, si j'étais pas équilibré dans ma tête, j'estime que la jeune fille mériterait d'être punie. Physiquement. Pour lui faire payer sa démarche. »

Béatrice décrète une pause cigarette. Il fait moche dehors, les mecs restent autour de la machine à café. Ils échangent leurs souvenirs de prison.

« T'as fait combien ?

– Dix-huit mois.

– À Corbas ?

– Ouais. Je suis sorti avec quatre diplômes. À la fin, on était même dans le journal avec le directeur de la prison. »

Ahmed murmure qu'il a fait de la taule au pays, en Tunisie.

« Y a pas de cellule. C'est une grande pièce pour quatre-vingts personnes, et on était trois cents.

– Tous ensemble ?

– Ouais. Y en a qui dorment par terre, y en a qui dorment sur les toilettes. Pas d'eau chaude. C'est sale. Tu crèves la dalle, je te jure. »

« Messieurs, reprenez vos places, s'il vous plaît ! lance Béatrice pour siffler la fin de la récré. Vous répétez que c'était mieux avant. Mais pourquoi les femmes seraient différentes aujourd'hui ?

– Elles se sont émancipées, répond Jean-Luc. Mon épouse, par exemple, elle gère le budget. Ma mère, je me rappelle pas l'avoir vue signer un chèque. C'est ce qui me sert de père qui faisait tout. S'il fallait changer la télé, la voiture, elle décidait de rien.

– Elle conduisait, votre mère ? demande Laurence.

– Oh oui, mais très longtemps après qu'ils se soient mariés. Il est parti à l'étranger et il a fallu se débrouiller, donc pas le choix.

– Les femmes ont changé en mal, dit Azzedine. Quand je parle à ma mère des femmes de ma génération, elle me dit : "Vous êtes une sacrée connerie." Les femmes de nos jours, c'est grave. Elles ne pensent plus à fonder une famille, à faire les choses bien, elles pensent à se faire belles, aller en boîte, se prendre des races à l'alcool. C'est plus la même mentalité.

– Elles font comme les hommes alors ? insiste Laurence.

– Elles font pire ! Elles nous ont dépassés ! Elles me choquent, les femmes ! Quand je vois ma mère à côté… et pourtant elle n'a pas eu une vie facile avec mon père.

– Elles ont la belle vie, vous pensez ?

– Quand elles ont vu la liberté arriver, elles n'ont pas su la gérer. Trop de libertés d'un coup. C'est mon point de vue. »

Deux heures s'écoulent à ce rythme, puis Béatrice lance à travers la salle : « Messieurs, on reviendra là-dessus dans quinze jours ! » Chacun remonte la fermeture Éclair de son blouson, et en trente secondes nous ne sommes plus que trois, Laurence, Béatrice et moi, dans cette salle pleine de chaises. Laurence soupire : « Il leur faudrait cinquante séances… Je comptais sur le film pour que Ludovic réagisse un peu, mais je ne sens aucune émotion, juste un discours rigide, formaté presque au mot près. Il ne se laisse pas percer.

– C'est un groupe comme ça, souffle Béatrice.

– Ils sont coincés dans un trio : eux, leur femme, le juge. C'est bizarre. Dans un couple standard, on ne vit pas dans la peur que la police débarque. »

Béatrice quitte le bâtiment, remplit un sac à dos et roule deux heures jusqu'à un petit chalet de montagne où elle passera le week-end. Laurence éteint son portable et s'abandonne à ses filles. Il reste sept séances.

C'est la fois d'après que je remarque Franck. Il se tient dans un coin, en silence. Franck a 50 ans. C'est un homme de la campagne qui a une peur bleue de se perdre dans le métro, alors chaque vendredi, une heure avant la séance, Laurence fait l'effort d'aller l'attendre au pied de son bus pour le guider à travers les souterrains, jusqu'à sa place, toujours la même, à gauche en entrant. Quand j'entends le son de sa voix, c'est un murmure en forme de question.

« Pourquoi ?

– Pardon ? a demandé Laurence.

– Pourquoi mon père était violent ? Pourquoi ma mère elle se faisait taper sur la gueule ?

– Si on parle de vous, de votre couple, corrige Béatrice, qu'est-ce qui a posé problème ? »

Franck regarde ses mains et se met à compter sur ses doigts.

« Le travail, d'abord. Y a quatorze ans de ça, j'ai fait une rupture d'anévrisme. Je gagnais plus d'argent, j'étais tout handicapé, ça allait plus très bien. J'ai perdu la motivation, tout. Ensuite, y a le logement. Je me suis battu avec mon voisin et j'ai perdu ma maison. Le stress joue aussi, et puis la consommation. Parce que moi, je consomme, et ma femme supporte pas l'alcool. Ses parents étaient alcooliques. Je pense qu'elle devrait peut-être boire un petit rosé avec moi de temps en temps, mais elle veut pas… »

À la différence de Ludovic, Jean-Luc, Azzedine et Mustapha, Franck ne joue pas sur les mots. Il dit les choses comme elles sont. Quand Laurence lui demande comment il a rencontré sa femme, il répond :

« Je sortais de prison, donc je cherchais une femme, et je l'ai trouvée dans un bar, voilà. À la fête des Morts. J'avais un jour de repos. Je l'ai trouvée dans ce bar, je suis tombé amoureux, on s'est fréquentés un an, puis on s'est mariés, et ça fait vingt-cinq ans maintenant. On a deux enfants.

– Qu'est-ce qui vous a plu chez elle ? demande Béatrice.

– Tout.

– Mais encore ?

– Elle était jolie. Elle est un peu moins jolie maintenant, mais ça va. Et puis je l'aime toujours. J'essaye de retourner avec elle en ce moment.

– Si elle était là, votre femme, elle dirait quoi ? insiste Béatrice.

– Ce qu'elle attend avant tout, c'est que j'arrête de boire.

– Rien d'autre ?

– Que j'arrête de fumer aussi. Voilà, ça fait deux choses.

– Mais quand tu l'as rencontrée, tu buvais déjà ? demande Jean-Luc, qui a cessé de sentir l'alcool.

– Je buvais un petit peu, concède Franck.

– Vous avez commencé il y a longtemps ? l'interroge Laurence.

– À 14 ans. Avec des copains, on achetait des bières, on allait près du lac. On séchait les cours pour aller au bistrot. On jouait au baby, au flipper.

– Ça vous a jamais causé de problème ?

– J'ai fait un accident. Y a pas eu de blessés, mais je me suis fait attraper cinq fois en état d'ivresse.

– Et à la maison, les violences avec votre femme. Vous aviez bu ?

– À chaque fois.

– Quand vous ne buvez pas, vous ne frappez pas ?

– Non, je suis gentil comme un ange. Et quand je bois, je suis un diable. »

Le problème c'est qu'il boit tout le temps, et que sa femme, Sandrine, il aurait pu la tuer. Depuis que les voisins ont appelé la police, Franck vit seul dans un village, à une heure et demie de route de la première station de métro. Je me gare devant la mairie, dont le parvis recouvert de gravillons rappelle un terrain de pétanque. Il est assis sur un banc, au soleil. Sa fille de 15 ans est là aussi, une blonde pétillante qui termine sa pause déjeuner et doit retourner en classe. « Travaille bien ! » lui lance Franck. Elle se retourne pour lui sourire et lui adresser un signe de la main. Franck attend qu'elle disparaisse au coin de la rue.

« Viens je vais te montrer chez moi. J'ai trouvé un studio ; 225 euros par mois, ça va… » Son studio, c'est une cave aménagée en appartement. Une vraie cave, entourée d'autres caves où l'on stocke des vélos bouffés par la rouille et un tas de vieilleries qui prennent la poussière. À sa sortie de prison, Franck n'avait nulle part où aller. Sa fille aînée l'a hébergé, puis elle a remué ciel et terre pour lui trouver cet appartement où il vit en célibataire, avec son chien à frange, son canapé, sa petite télé et son poêle au fioul qui dégage une forte odeur d'essence. « T'as faim ? Je nous prépare à manger ? » Il plonge des frites dans un fond d'huile et brise deux œufs dans une poêle. Sur la table encombrée par des paquets de pâtes et des gâteaux Marque Repère, il y a un carnet, ouvert sur une série de chiffres. 47. 211. 423. 61.

« C'est les fruits que je ramasse. Des fraises. Des cerises. Là, pour 47 seaux de cerises, je touche

211 euros. Tu te rends compte ? 423 kilos de cerises pour 211 euros. Et là, 61 kilos de groseille. C'est pas payé, ces métiers. Mais je les fais quand même.

– T'avais quel âge quand t'as arrêté l'école ?

– Quatorze ans. J'ai fait un peu de pâtisserie mais je travaillais les week-ends, les jours fériés, et j'avais jamais de ronds, donc ça motive pas. Ensuite j'ai fait de la mécanique. Je bossais de nuit. Je gagnais 1 650 euros par mois. C'était super. Et maintenant, je gagne à peine 800 euros. Tu crois pas que je suis un boulet pour ma femme ? Je pense qu'elle me prend pour un boulet, moi.

– C'est après ta rupture d'anévrisme que tu t'es mis à la frapper ?

– Non, avant. Mais à l'époque je croyais qu'une femme, ça se tapait tout le temps. J'étais habitué. Parce que mon père il tapait ma mère tous les matins, tous les midis, tous les soirs. Je pensais que c'était une habitude qu'on prenait, tu vois ? Et je me suis rendu compte que non. C'est pas bien. »

Il semble se parler à lui-même.

« Je sais pas pourquoi mon père il a pas été en prison. Putain, j'aurais bien voulu moi, ça lui aurait fait du bien. Mais les flics ils s'en foutaient de ces histoires, dans le temps. Moi je suis dans la merde aujourd'hui mais il aurait très bien pu être dans la merde à l'époque, hein. Et pour les mêmes raisons.

– Ta mère, elle portait pas plainte ?

– Jamais. Pendant vingt ans au moins, elle aurait pu. Elle se faisait frapper tous les jours. Quand il était rond, quoi, mais il était tout le temps rond. Et il frappait pas que la mère, lui, il frappait les gosses aussi. Et il frappait bien.

– Tu le vois encore ?

– Non. Ça m'énerve... À ce qui paraît, c'est même pas mon père... »

Franck sauce le jaune de son œuf avec la dernière frite, lève la tête, et souffle : « C'est du passé ça, c'est pas grave. » Mais juste après, il y revient : « Une fois je l'ai trouvé sur la digue de Malo. J'avais 16 ans. Il se disputait avec ma mère. Il était 2 heures du matin. J'étais en Mobylette. Je me suis arrêté devant lui. Il a pris ma Mobylette et l'a jetée par-dessus la voiture. Ça marque hein, ce genre de chose. »

Je l'écoute ressasser l'image de ce père qui lui file encore des cauchemars à 50 ans, et je pense à ce que m'a dit Laurence, la première fois que je l'ai rencontrée : « Quand j'arrive le matin au service, j'ouvre mon placard, mes dossiers sont bien alignés dans leurs petites pochettes. Et sur les cent personnes dont j'assure le suivi, je sais que soixante ou quatre-vingts d'entre elles ont vécu dans leur enfance des choses inimaginables. Quand j'ai commencé dans ce métier, je ne pouvais pas envisager qu'on puisse faire ça à ses enfants, à sa femme. »

Je demande à Franck de se remémorer la nuit de son arrestation.

« J'étais bourré, je me rappelle plus. Apparemment je voulais avoir une relation avec ma femme. Elle a pas voulu, et puis voilà, ça s'est mal fini.

– Pourquoi elle a porté plainte ce soir-là, si elle le faisait jamais ?

– Les gendarmes lui ont dit de le faire… Faudrait que j'arrête de boire, c'est sûr, mais c'est trop dur quand t'as commencé à 14 ans. Je prends des médicaments, je vais voir le médecin et tout, j'essaye de m'en sortir. »

Il soupire.

« Avant je carburais aux alcools forts. Maintenant, je bois que des bières.

– Tu as bu ce matin, avant que j'arrive ?

– Une bière seulement. À 11 heures.

– Tu serais capable d'arrêter de boire pour te remettre avec ta femme ?

– Je peux pas m'arrêter comme ça. C'est impossible. Vraiment impossible. Sauf quand je vais en cure. J'y reste un mois, j'arrête un mois de boire.

– Du coup, le plan, c'est quoi ? »

Il hausse les épaules, ouvre une canette de Coca et la vide, à égalité dans nos verres de cantine. « Je vais essayer de me calmer un peu, avec ce stage. Et voir si je peux retourner avec ma femme, aussi. Parce que je suis mal barré moi si j'ai pas de femme. »

Il jette un regard autour de lui. Son chien dort près du poêle à fioul. « C'est pas la peine de vivre comme ça, là, comme un clochard. »

Sa femme, Sandrine, bénéficie d'une ordonnance de protection. Elle a pu conserver la maison; Franck a interdiction de s'en approcher. Par un hasard étrange, il se trouve que Sandrine est suivie par une association d'aide aux victimes dont le siège est accolé au bâtiment du SPIP, où se réunit le groupe de parole. Monna, sa conseillère, est une femme d'une trentaine d'années avec une coupe au carré. J'évoque à peine Franck qu'elle m'interrompt.

« Je vois très bien qui est ce monsieur. La semaine dernière, je suis en entretien avec son ex-femme quand il l'appelle une première fois. Elle me dit, en désignant le téléphone : "Voyez. Sans arrêt, tous les jours, il m'appelle." Et en effet, il rappelle quelques minutes plus tard, donc je lui dis : "Passez-le-moi", et au téléphone, j'ai expliqué à cet homme qu'il n'avait pas le droit de la joindre, de lui écrire, de se présenter au domicile ni d'utiliser d'intermédiaire pour faire passer des messages, et que si la police m'appelait pour me demander mon avis, je serais bien obligée de dire qu'il enfreint les règles.

– Il s'appelle Franck, je précise. Il essaye de la reconquérir.

– Mais cette femme n'en a pas du tout envie ! Normalement les dames que je reçois dans le cadre d'une levée d'interdiction sont extrêmement pressées, il faut que ça aille vite, que je rédige mon rapport dans la minute pour qu'elles puissent retrouver leur conjoint. Elle, non. Pour qu'elle s'apaise, il a fallu que je lui demande : “Avez-vous réellement envie de faire cette démarche ?” Réponse : “Il faudrait que je le fasse. ” Donc j’ai insisté : “Que voulez-vous, vous ? – Je voudrais être tranquille.” Très bien. Donc il n’est pas question de lever l’interdiction. »

Quelques semaines plus tard, je trouve Franck, seul dans la salle, un quart d’heure avant la séance. Il a l’air abattu. « Vous n’avez pas le moral ? » lui demande Béatrice. Il fait non de la tête. « J’ai revu ma femme hier », souffle-t-il. « Elle refuse que vous reveniez au domicile et ça vous a mis un coup ? » poursuit l’animatrice, comme si elle était au courant.

Jean-Luc entre à cet instant et, comme d’habitude, étale les journaux sur sa table. Il s’arrange toujours pour feuilleter la presse en attendant que ça commence, distillant à qui veut les entendre ses commentaires sur l’actualité. Aujourd’hui, c’est l’ancien ministre Georges Tron, dont le procès pour viols et agressions sexuelles vient de s’ouvrir, qui l’intéresse au plus haut point.

Franck prend une profonde inspiration.

« Elle veut pas que je revienne parce que je bois toujours un petit peu.

– Bon, ça veut dire qu’elle te laisse encore une chance, intervient Jean-Luc.

– Elle m’en a laissé déjà cinquante, des chances… Elle m’a dit… J’aime pas trop ce qu’elle m’a dit, mais j'ai peur de me mettre en colère. Si je me mets en colère contre elle, je repars en prison pour dix ans. »

Il souffle.

« Je comprends rien de toute façon. Je sais pas comment on va faire pour les papiers du divorce. Y a la maison en jeu, quand même. Je lui avais laissé la maison parce que je pensais que je retournerais chez moi, mais là je suis dans un petit studio, j'ai plus rien. Je me sens un peu délaissé de la vie, quoi. »

Jean-Luc lui passe une main dans le dos.

« J'ai pas trop le moral mais je vais essayer de m'en remettre, dit Franck. Je vais faire du sport, je vais retravailler. J'ai fait tout ce que je pouvais pour la récupérer, mais elle veut pas, elle veut pas. Je peux pas la forcer. »

Le reste du groupe déboule dans le vacarme et chacun reprend sa place.

Béatrice parcourt la fiche d'orientation d'un dénommé Antoine avant de le faire entrer dans son bureau : « 42 ans, machiniste en CDI à la fonderie de Vénissieux, reconnaît avoir du mal à se contrôler quand il est en colère, aucun problème d'addiction, a déjà été condamné pour violences sur une ancienne compagne en 2002 et en 2005… Ah, et il est pasteur évangéliste. » Antoine est un homme calme en apparence, qui s'exprime par des phrases courtes. « Je vivais avec mon ex-compagne. On a deux enfants ensemble. Je suis parti du logement. Je me retrouve chez mon frère. »

Béatrice l'interroge sur ses rapports avec sa compagne.

« On ne s'est jamais rappelés.

– Vous avez déjà été condamné, non ?

– Pour de la violence. Sur une ex. J'avais été incarcéré six mois dans l'ancienne prison, celle qui a été détruite.

– Vous avez une vie sentimentale mouvementée ! » lance Béatrice pour le dérider.

Il sourit, hésite un instant, et s'autorise à rire.

« Ahahah. Oui, on peut dire ça, oui. »

Elle le laisse se reprendre et lui demande ce qu'il s'est passé. « Ça faisait cinq ans qu'on était ensemble. Elle est venue vivre chez moi, on a eu un petit garçon, puis une fille, et on a déménagé dans un appartement plus grand. On y vivait depuis deux mois quand la police est venue me chercher. » C'était un dimanche. Il rentrait de l'office à l'église évangéliste. « Elle n'avait pas fait à manger. J'étais en colère. Je lui ai dit : "T'as deux semaines pour quitter le logement, parce qu'une femme qui sait pas s'occuper de la maison, ça sert à rien." Elle m'a répondu qu'elle n'était pas ma boniche, et sur un coup de colère, je l'ai poussée. »

Béatrice lui rappelle sa condamnation à deux ans de prison. Il fait la moue.

« C'est pas étonnant. Je suis récidiviste. Après, elle a sa part de responsabilité.

– Parce qu'elle n'avait pas fait à manger ?

– Parce qu'elle parle mal. Et elle s'occupe pas bien de la maison. Je rentre et y a pas à manger. Je trouve ça anormal. Normalement, on mange et on sort avec les enfants. Et là, y avait pas à manger.

– Vous faites à manger, vous ?

– Non. Je travaille. Je fais le ménage, mais je fais pas à manger.

– Qu'est-ce qu'elle fait votre compagne ?

– Rien. Elle papote au téléphone. Elle regarde des vidéos. Elle dort.

– Ça vous énerve ?

– Je me lève tôt le matin pour travailler, payer les charges, faut qu'elle prenne ses responsabilités de femme et qu'elle fasse à manger. »

Béatrice note cette dernière phrase, pose son stylo à côté de son carnet, et tente une nouvelle approche. Qu'attend-il de ce groupe de parole ?

« Si ça peut m'aider à mieux gérer la colère, les pulsions, ce serait bien. Je réagis trop vite.

– On a une séance sur la colère, on verra si on peut vous aider. Le groupe se réunit ici tous les quinze jours, le vendredi après-midi. »

Il s'agite sur sa chaise en faisant non de la tête.

« Alors ça pose problème parce que je travaille en deux-huit. Quand je suis de l'après-midi, je finis à 22 heures, je pourrai pas être là.

– Il y a forcément un groupe qui collera avec les fois où vous travaillez le matin.

– Je vous ai donné mon emploi du temps. J'ai des activités à l'église aussi. Tous les week-ends, et ça commence le vendredi. Les après-midi aussi. J'ai donné tous les éléments au juge. »

Béatrice fait de son mieux pour garder son calme.

À peine le temps d'avaler un sandwich qu'elle retrouve déjà le groupe de parole. Azzedine et

Jean-Luc s'écharpent sur l'avortement. « Si ma copine tombe enceinte, elle pourra pas avorter, ma religion l'interdit, donc je devrai assumer », lâche le premier. « C'est pas toi qui décides ! rétorque le second. Grâce à Mme Veil, ce sont les femmes qui ont le choix. Et la religion n'a pas à dicter ta vie ! »

Béatrice les interrompt :

« Des essais sont menés pour la commercialisation d'une pilule pour hommes. Vous la prendriez ?

– Pour essayer, peut-être, répond Azzedine, mais pas tous les jours. Quand je suis malade, j'ai déjà du mal à prendre un médicament, alors s'il faut que je pense à prendre une pilule… Non. En plus je sais pas ce qu'il y a dedans.

– Mais vous êtes d'accord pour que votre compagne la prenne ?

– Je suis plutôt pour que ce soit elle, oui. Au bout d'un moment, quand y a trop de bébés à la maison, faut arrêter.

– Vachement courageux. Vous ne vous êtes jamais posé la question de ce que vous pourriez faire en matière de contraception ?

– Non, avoue Azzedine.

– Pourtant, ça a permis une révolution, l'accès à la contraception.

– La liberté sexuelle, vous savez… je suis pas trop pour les coups d'un soir. Je sais que c'est rare de nos jours, venant d'un jeune de 20 ans, mais je trouve que ça salit. Voyez, on est vendredi, ce soir, y a des femmes qui vont sortir, ça va draguer, et je me dis que cette femme qui fait n'importe quoi, dans quelques années elle va se marier.

– Et alors ? demande Jean-Luc.

– Le passé de ta femme, tu veux pas le savoir ? Même si elle s'est tapé soixante-dix mecs avant toi ?

– Qu'est-ce que j'en ai à foutre ?

– T'es fou. Moi je veux qu'elle soit propre. Pas vierge, hein, quatre ou cinq mecs à la rigueur.

– Tu sais que tu pourrais tomber amoureux d'une prostituée, dit Jean-Luc.

– Ouais, mais je me marierai pas avec elle. Parce que j'ai pas envie à 40 ans d'aller au magasin avec mes enfants et de voir que des gens la reconnaissent. Respecte mes enfants. Je veux pas qu'on dise à mes enfants : "Ta mère, c'est une pute." »

Laurence lui demande s'il se fixe des limites, lui aussi, s'il a un nombre de filles acceptable avec lesquelles il aurait le droit de coucher. « Je ne suis plus très sérieux en ce moment, je bois, je fume, je vais à droite à gauche. Mais j'espère retourner dans le droit chemin. Je n'ai pas fait l'amour avant ma majorité, je l'ai fait il y a deux ans seulement. C'est après que j'ai dérivé. » Béatrice sent qu'elle tient quelque chose sur l'égalité. Elle demande au jeune homme s'il est normal que les femmes aient accès à des métiers « masculins ». Pilote de ligne, ministre, plombière, éboueuse ?

« Moi ça me dérange pas, tant que ma femme n'a pas un meilleur métier que moi, répond-il. Ah ça, ce serait la guerre. Au niveau de l'argent, déjà, mais pas seulement. Imaginons que je sois éboueur, et elle directrice de banque.

– Tu crois que c'est bien d'être directeur de banque ? » le coupe Jean-Luc, qui a traîné son costume-cravate en agence pendant quarante ans.

« Déjà oui, je pense que c'est très bien, même. Ensuite, à chaque dispute elle va te rabaisser, et elle aura raison. Tu pourras rien dire, juste la fermer parce que c'est la réalité. Si elle te dit : "T'es qu'un petit pion, moi je suis la cheffe..." Bah tu vas dire : "Oui, c'est vrai, t'es la cheffe."

– Et l'inverse ?

– Pareil. Si elle est femme de ménage et lui un grand directeur, dans une dispute, il va lui dire : "Oh, rappelle-toi que t'es qu'une femme de ménage !" Voilà, y aura toujours des phrases qui vont faire super mal.

– Donc il faut toujours choisir une compagne qui est "à notre niveau" ?

– Ou bien l'homme un peu mieux. J'aimerais pas que ma femme porte la culotte. Mon ex était plus âgée que moi ; j'avais 18 ans, elle 19, eh bien j'ai eu de la chance, je suis passé d'employé à directeur du magasin. Son respect a évolué à ce moment-là.

– C'est l'impression que vous avez eue, nuance Béatrice.

– C'est ce qu'elle s'est dit dans sa tête. Quand votre mari est tout en bas de l'échelle, vous le respectez pas de la même manière que lorsqu'il est tout en haut. »

À quoi allait-elle ressembler, la vie amoureuse d'Azzedine ? Je me posais sincèrement la question. Je n'avais aucun mal à l'imaginer le matin même, se lever comme le grand enfant de 20 ans qu'il était, traîner sa carcasse hors de sa chambre, croiser sa mère dans la cuisine, verser des corn flakes trop sucrés au fond d'un bol, un peu de lait, et manger seul devant son portable. Peut-être qu'il avait un profil Tinder. Peut-être qu'il était amoureux d'une fille qui ne voulait pas de lui. Il paraissait tellement handicapé par des principes qui le dépassaient. J'avais le sentiment qu'il perdait son temps à décréter ce qui se faisait ou pas en matière de sexe et d'amour, et que par la même occasion il faisait perdre le leur aux autres, ceux qu'on n'entendait jamais : Yannick, Ahmed, Christian, Kader.

J'ai mis des mois à le remarquer. Kader ne ratait pas une séance mais il restait assis dans le silence, à observer les autres, bien au chaud dans son vieux cuir. Tout ce que je savais de lui, c'est qu'il était né en Algérie, qu'au milieu de ses quatre sœurs il avait longtemps été le seul mec de la maison, que sa femme était Marocaine et que son fils de 17 ans, un crack en mathématiques, visait la mention « très bien » au bac scientifique. J'avais compris qu'il avait fait plusieurs fois la navette en prison, ce qui lui valait d'être rangé dans ma tête parmi ceux qui, ici, pouvaient péter les plombs. On était fin décembre, à trois jours de Noël, et je n'attendais plus rien de sa part quand Béatrice lui a demandé comment il avait choisi « sa partenaire ». Kader a semblé étonné qu'on s'adresse à lui. Il s'est raclé la gorge.

« Je l'ai rencontrée dans un bar.

– Elle vous a plu tout de suite ? Combien de temps s'est-il passé avant de vous mettre ensemble ?

– Je dirais six à huit mois. Elle était mariée. Elle a quitté son mari.

– Ce n'est pas un choix facile », dit Béatrice, surprise.

Un long silence s'installe. Un silence parfait, sans toux, sans froissement de tissu. Même les papillotes offertes par Laurence cessent de faire crisser leur aluminium.

« C'était un mauvais choix, dit Kader.

– Pourquoi ?

– J'aime pas en parler. J'ai pas envie d'en parler », souffle-t-il, et soudain il semble accablé.

Béatrice pince une corde sensible :

« Ça a été trop vite ?

– Je la connaissais déjà, avant de me mettre avec elle. C'était une serveuse. J'ai fait un mauvais choix. J'ai vécu l'enfer. Vraiment l'enfer.

– Pourquoi ?

– Je sais pas… Comme je disais tout à l'heure à Franck, j'ai trois enfants avec elle, ils habitent à cinq minutes de chez moi. Ça fait trois ans que je les ai pas vus. »

De la main il désigne une direction, de l'autre côté du tableau Velleda.

« C'est tellement… ouah. Cette femme m'a pourri, mais vraiment à fond.

– Elle était enceinte de vous quand vous étiez en prison ? demande Laurence.

– Oui.

– Cette première incarcération, c'était pour quoi ?

– Pour elle.

– Et en sortant vous vous remettez avec elle ? »

Il acquiesce d'un signe de tête.

« T'es pas rancunier ! » lance Ludovic.

Ça fait ricaner les autres, mais Kader ne sourit pas.

« Pendant toute ma prison, elle n'a jamais raté un parloir. Qu'il pleuve, qu'il neige, qu'il fasse beau. Jamais. Pendant deux ans. Le psychiatre m'a dit : "Il ne faut jamais que tu retournes avec cette femme." Mais comme elle ratait jamais un parloir, on discutait, elle me disait : "Je regrette, je suis désolée", et dans ma tête je me disais c'est bon, je lui pardonne. Après la sortie, je suis resté peut-être six mois avec elle, on s'est redisputés et je suis parti.

– La raison de vos disputes, c'était quoi ?

– L'argent. Pourtant, je gagne bien ma vie. Quand je l'ai connue, j'avais un garage. Je réparais que des Porsche, Mercedes, Ferrari. Des 4 x 4 Mercedes. »

Ludovic demande ce qu'elle est devenue ; Kader hausse les épaules.

« Ça fait trois ans que j'ai pas de nouvelles. Je veux rien savoir.

– Mais je suppose qu'elle a quand même tes enfants auprès d'elle, insiste Jean-Luc.

– Justement. C'est pour ne pas la voir que je me prive de mes enfants. J'ai tellement pas envie de sentir son odeur sur eux… Pourtant tous les mois je leur envoie 300 euros. Tous les mois. J'ai jamais manqué, j'ai toutes les preuves.

– C'est bien d'envoyer des sous à tes enfants. Mais ils préféreraient un bisou, répond Jean-Luc.

– Je sais. C'est pour ça, j'ai pas envie de parler. Parce que ça me fait… »

À cet instant, je m'attends à ce qu'il fonde en larmes.

« Je suis contre le divorce, finit-il par dire. J'ai vécu vingt ans avec mes parents, c'était l'enfer. Ils se disputaient tout le temps, ils voulaient divorcer. J'étais gamin, je faisais tout pour qu'ils restent ensemble. Le jour où ils ont arrêté de se disputer, c'est quand je leur ai dit : "Écoutez, je vais aller à la falaise, je vais me jeter de là-bas. Allez, dites-moi que vous allez divorcer, et *ciao*." »

Il semble revivre la scène ; lui au pays, adolescent, son père et sa mère incrédules devant ce fils qui menace de s'ôter la vie pour conserver intacte la petite entité malade que constitue leur couple. Les parents de Kader n'ont jamais franchi le pas. Ils vivent encore ensemble.

« C'est pour ça, j'ai fait deux ans de prison et je suis quand même retourné avec elle. On a fait un troisième enfant, et rebelote. Les galères, le commissariat…

– Avant la prison, il y a quand même eu plusieurs plaintes, relève Béatrice.

– Je vais vous dire pourquoi elle a porté plainte contre moi. Elle a tout cassé dans la maison. Toute la vaisselle, tout ce qu'il y avait sur les meubles, tout était cassé par terre. À un moment, elle a pris notre fille – on avait qu'une seule fille à l'époque –, elle m'a dit : "Je te jure, je vais la jeter par la fenêtre." On habitait au deuxième étage. J'ai embarqué la petite et je me suis sauvé pour aller dormir chez un copain. J'ai pris la voiture, j'ai condamné les portières, mais elle m'a suivi, elle s'est accrochée, elle est tombée par terre. Les voisins ont appelé les pompiers, ils m'ont dit qu'elle était blessée aux genoux, que c'était de la violence. »

« C'en est une », dit Laurence.

« Malheureusement on n'a que votre version, note Béatrice, on n'a pas celle de votre compagne. »

Kader incline la tête pour dire qu'il en convient. Puis il ajoute que ça coinçait aussi avec sa belle-famille. Ses nièces venaient chez lui faire la fête, fumer du shit, il les mettait dehors.

« Au début, on s'en foutait, on fumait ensemble à la maison, on buvait et tout, mais une fois qu'on a eu la petite, j'ai dit : "C'est plus pareil, je veux plus..."

– Et elle, qu'est-ce qu'elle vous reprochait ? demande Laurence.

– Je suis un macho. »

J'étais venu à Lyon pour entendre des hommes dire : « Je frappe ma femme », et j'attendais de la phrase d'après qu'ils m'expliquent pourquoi. « Parce qu'elle n'avait pas fait à manger » ; « Parce qu'elle ne voulait pas coucher avec moi » ; « Parce que ses nièces fumaient du shit. » Les raisons ne tenaient pas. Je n'avançais pas. Qu'est-ce qui fait naître la violence dans un couple qui s'aime ? Et une fois qu'elle est là, enracinée dans le quotidien, prête à exploser pour n'importe quoi, comment s'en débarrasser ? Kader a trouvé un genre de solution. Il est persuadé qu'en vivant seul, il s'empêche de péter les plombs. C'est ce qu'il fait depuis sa sortie de prison. Loin des yeux. Loin des coups. « Je ne peux plus m'engager dans une relation. C'est fini. Faire des victimes… non. Et je sais que c'est pas une vie. Je le ressens que c'est pas une vie. J'aurais préféré aimer. Être à la maison avec une femme, on partage, elle m'aide, je l'aide, voilà. Je veux ça. Mais vu ce que j'ai vécu, j'ai pas envie. La vérité, j'ai pas envie. » Il laisse un silence, avant d'ajouter, mystérieux : « Au fond, peut-être que c'est moi le méchant. »

Est-ce que ça aurait été différent si j'avais été une femme ? En entendant Kader vider son sac, j'ai ressenti beaucoup d'empathie. Il avait l'air dépassé, et toujours amoureux. Je suis allé voir Christine, sa conseillère pénitentiaire. En sortant du groupe de parole, il suffit de suivre le couloir à gauche pour tomber sur son bureau. C'est une femme d'une quarantaine d'années, très souriante. Elle avait l'air séduite, elle aussi. « Au départ, je me suis dit, il n'a pas le profil du violent conjugal. On a du mal à l'imaginer dans ces débordements. » Mais plusieurs juges avaient condamné Kader pour violences, la question n'était donc pas de savoir s'il était innocent, mais s'il pouvait se soigner et ne plus recommencer.

« Il reconnaît sa violence, m'explique-t-elle, mais il insiste aussi sur l'emprise qu'avait la victime sur lui. Il est très attaché à elle, et elle devient presque comme… une adversaire. Il me dit : "Il faut que je fasse attention, je sais que je peux rechuter. Si je la revois, si je prends contact avec elle, je vais craquer à nouveau. C'est une femme qui a une forte personnalité."

– Pourtant c'est bien elle qui a porté plainte.

– C'est vrai. Mais on a en tête le cliché de l'homme autoritaire et de la femme soumise, parfois on se rend compte que c'est plus complexe ; des hommes plutôt inhibés, qui peinent à s'exprimer, font face à des femmes qui peuvent aussi être très insistantes, et tout cela génère de la violence. C'est vraiment sur la relation qu'il faut travailler, en évitant d'être manichéen, de désigner un gentil et un méchant. Il y a un coupable au nom de la loi, oui, mais ce qui génère la violence, souvent, c'est la pathologie du lien. »

Je ne comprenais pas bien ce qu'il y avait derrière cette expression, « la pathologie du lien », alors elle a reformulé en m'expliquant que pour Kader, la violence n'advient que lorsqu'il est avec cette femme. À la différence de Ludovic, condamné pour d'autres violences, et de Morcine, qui avait fait de la taule pour une bagarre, Kader n'était pas de la trempe des nerveux, de ceux qui *dégainent vite*. « Tant qu'il sera célibataire, il n'y aura pas de difficulté, résume sa conseillère. C'est en couple qu'il doit agir différemment. »

Après sa confession, Kader a ôté son blouson, l'a posé sur une chaise et s'est autorisé à participer. Son discours de mec brimé par une femme tyrannique s'est peu à peu transformé pour dessiner le profil d'un homme complexe, à la fois timide et souriant, qui aime boire un coup de trop mais refuse de brandir l'alcool comme une excuse pour justifier sa violence. Au bout d'un moment, il s'est même permis de reprendre les plus sexistes, Azzedine et Bahia.

« Pour moi, une femme elle a des amies femmes, et un homme il a des amis hommes, explique Azzedine. Je deviendrais fou, par exemple, si ma femme avait un meilleur ami et qu'elle se confiait à lui. Le seul homme qu'elle a, c'est son mari. Elle n'a pas à en avoir d'autres.

– Je suis d'accord à mille pour cent », renchérit Bahia.

Kader se marre.

« Ces messieurs ne sont pas intégrés à notre société, lance-t-il aux animatrices. Ils ne vont jamais faire l'affaire s'ils restent comme ça ! Faut les sauver. Bienvenue en France, les gars !

– Si tu donnes trop de liberté à ta femme, c'est pas bon, insiste Bahia. T'es pas un homme si tu la laisses tout faire.

– La question n'est pas d'être un homme ou pas, réplique Kader. La liberté, c'est ce qui fait notre société. C'est comme ça. Toi, il y a probablement des trucs que tu fais et que ta femme n'aime pas, mais elle n'ose pas te le dire. »

Bahia fait non de la tête en répétant son mantra : « T'es pas un homme si tu laisses trop de liberté », comme s'il lui fallait colmater son bloc de certitude, de peur qu'à la moindre infiltration, le barrage cède.

Un jeudi soir, je retrouve Kader dans un bar de Lyon. Cathy, la taulière, est une gouailleuse qui tutoie tout le monde et refuse de vous servir si vous n'avez pas un mot sympa sur l'AS Saint-Étienne. Kader lui fait de l'œil pour qu'elle me verse un demi. Au bout du comptoir, il reconnaît un couple d'amis venus boire un verre avant leur séance de cinéma. Ils ont l'air amoureux. On s'attable tous les quatre, et la question sur l'ex de Kader est posée d'emblée. « Faut pas que tu la revoies, hein », prévient la femme, et

Kader sourit en retour, plongeant le nez dans sa bière. Dans une succession de gestes brefs, le mec regarde sa montre, vide son Ricard, paye la tournée et tire sa femme par le bras, lui rappelant que pour une fois, ils n'ont pas les enfants. Elle s'excuse, attrape son manteau et lance à Kader : « On se voit bientôt, hein ! Il faut que tu me racontes ! »

On recommande une tournée, et pour être tranquilles on va la boire sur le trottoir, à l'écart du bruit. On est en février, il fait nuit noire. On s'assied sur un banc et on regarde passer les bagnoles.

« C'est la fin demain, je dis. T'en as pensé quoi, de ce groupe ?

– Ça devrait être imposé, répond Kader. Pour les gens comme nous, qui ont la violence. L'autre te livre ses idées, tu réfléchis, et ton cerveau il s'ouvre, tu vois ? Le groupe de parole, c'est un truc magnifique. Déjà quand j'étais en prison, il y en avait un et j'avais adoré. J'ai fait mes dix-huit mois pleins, ils ont refusé la conditionnelle, l'aménagement de peine, et je comprenais pas pourquoi. Mon avocat m'a dit : "Tu nies toujours ce qu'il s'est passé avec ta femme." »

Je lui fais remarquer qu'à son arrivée dans ce groupe il affirmait que sa femme avait tout inventé. « Pourtant la faute, elle était en moi. C'est moi le fautif. Je l'avais pas compris, parce que j'avais la même mentalité qu'Azzedine et Bahia : "La femme, elle est inférieure"… donc j'imposais, j'obligeais. Mais on se marie pas, on se met pas en couple pour imposer à l'autre sa vision des choses. Si j'avais accepté ça plus tôt, j'aurais évité la prison, les groupes de parole, etc. J'aurais été quelqu'un d'ouvert. »

Là, sorti de nulle part, Kader m'avoue avoir revu sa femme.

« Ça fait vingt jours que je me suis remis avec elle. Il y a deux semaines, elle est venue dormir chez moi avec les enfants.

– Comment ça s'est passé ?

– Bien. Je leur ai fait une paella. »

Il rit. C'était la première fois en trois ans qu'il revoyait ses enfants.

« C'est bizarre, d'ailleurs, mais quand tu vois pas quelqu'un pendant des années et des années, c'est... c'est pas que je les avais oubliés, mais j'ai eu tellement mal, je voulais couper le cordon. Et là, il y a trois semaines, elle m'a recontacté. Et ça a repris comme ça. Ils ont passé deux jours chez moi.

– T'es amoureux d'elle, tu penses ? »

La question a l'air de le gêner.

« Je la déteste pas.

– Pour vivre avec, ça ne suffit pas.

– C'est la mère de mes enfants.

– Mais tu ne dirais pas que tu es amoureux d'elle ?

– Non, je dirais pas ça. Parce qu'à chaque fois il y a des problèmes, et je la supporte plus.

– Tu n'as pas peur que ça recommence ?

– Si. Mais là… Je sais pas. »

Kader fixe un camion de pompiers stationné de l'autre côté du carrefour. Ça ne doit pas être une urgence, le gyrophare tourne sans la sirène. Il se lève du banc et dit : « Allez, viens, c'est la fin. On va boire un dernier verre. »

Cathy balayait son sol. Il ne restait plus grand monde. Elle m'a refait le coup du boycott parce que je refusais toujours de dire « Allez les Verts ! », et Kader s'est porté garant pour qu'elle veuille bien me remettre un demi. On l'a bu debout au comptoir avant de se dire à demain. En marchant à pas lents vers l'hôtel, je me demandais si c'était une bonne nouvelle, ce rabibochage, ou si ça annonçait de nouveaux drames, selon ce phénomène inévitable qu'on appelle le « cycle de la violence conjugale ». Je n'en avais jamais entendu parler avant d'atterrir dans ce groupe. La violence, m'a-t-on expliqué, suit un rythme cyclique : dans la première phase, un climat de tension s'instaure, l'homme se met en colère, multiplie les reproches envers sa compagne, puis il passe à l'acte et violente sa victime, qui est traumatisée, humiliée, désemparée. Dans la troisième phase, il lui reproche ce qui vient d'arriver. « Tu m'as poussé à bout », « C'est de ta faute, tu vois que je m'énerve et tu continues… », puis dans la quatrième phase, il s'en veut, présente ses excuses, se dévalorise – « Je ne te mérite pas » –, offre des cadeaux et menace, parfois, de se suicider. Cette phase dite de « lune de miel » laisse penser qu'un nouveau départ est possible. Mais le cycle se remet en branle, et avec lui vient la tension, les insultes, les coups, les justifications, les cadeaux… Plus la relation dure, plus les cycles sont courts. Chez certains, on passe des coups à la lune de miel deux fois dans la même journée.

La dernière séance. Déjà. Kader sourit en me voyant arriver avec mon Nagra, mais il n'est déjà plus dans les dispositions d'hier soir. Il lui est impossible d'avouer aux autres qu'il s'est remis avec sa femme, il se ferait traiter de lâche, de vendu, alors il ressort le masque des premières fois, quand il passait la séance dans son blouson et qu'on n'entendait pas le son de sa voix. Franck marmonne que ça n'a servi à rien, ce groupe, puisque sa femme n'est pas revenue et qu'elle a entamé des démarches pour lui racheter ses parts de la maison. Ludovic n'est pas là mais il a une excuse pour sécher, il a trouvé un emploi dans une station-service, en bordure d'autoroute.

Il règne une ambiance de fin d'année scolaire, quand l'été est si proche qu'il devient ridicule d'ouvrir un manuel. La maîtresse desserre les boulons, les gosses sont autorisés à apporter des jeux de société, la récréation déborde sur les heures de cours et tout le monde se laisse gentiment glisser vers les vacances. À la fin, Béatrice ferme la porte et s'écroule sur sa chaise. Ça y est. C'est fini. Quand je lui demande comment elle envisage la suite, elle paraît embêtée. «Il y a des personnes dont le discours n'a pas du tout évolué, et je ne pense pas qu'il évoluera en suivi individuel. Ils continuent de se penser comme victimes et uniquement comme victimes. Ils n'ont pas d'empathie… Peut-être qu'ils ont entendu des choses qu'ils reprendront à leur compte quand ils se remettront en couple, ou quand ils auront un enfant, je ne sais pas. Je ne sais pas ce que ça peut donner. Je n'ai pas la solution miracle. J'essaye juste de faire réfléchir les gens.»

Il s'était passé plus de cinq mois depuis mon arrivée. Qu'avais-je fait pendant tout ce temps? Je m'étais rapproché de ces hommes. J'avais écouté leurs histoires, j'avais ri à leurs blagues, bu des bières avec eux. J'étais venu dans l'espoir d'entendre une phrase fantasmée et j'avais fini par l'oublier, à force de nager dans un flou étrange: les conjointes étaient démoniaques, les violences abstraites, les coups invisibles. Ce n'est pas que le problème s'était envolé, mais il semblait avoir perdu en gravité. Je m'entendais bien avec ces mecs. J'avais même un petit pincement au cœur, ce soir-là, en sachant que je ne les reverrais pas. La vérité, c'est qu'on se ressemblait. J'ai mis du temps à en prendre conscience.

C'est facile de s'épargner, de ne jamais se poser de question. Mais faites le test. Si vous êtes un homme, demandez-vous honnêtement si vous n'exercez jamais de rapport de domination sur les femmes de votre entourage. J'ai deux sœurs, et j'ai passé mon enfance à leur taper dessus. J'ai largement profité de mon droit d'aînesse, et bien que ma mère ait souffert d'avoir été élevée à l'ancienne au milieu de quatre garçons – elle cirait leurs chaussures avant d'aller à l'école –, elle a malgré tout reproduit le schéma inégalitaire en me laissant bien plus de liberté qu'à mes deux petites sœurs. Ce n'était pas conscient, elle n'a jamais dit à haute voix : « Mathieu a le droit et pas vous, puisque vous êtes des filles », mais de fait, nous n'avons pas eu les mêmes libertés. J'en ai profité, et j'ai souvent agi comme si j'avais autorité sur elles. Un jour, la plus âgée s'est embrouillée avec son copain. C'était au milieu des années 2000, on n'avait qu'un ordinateur à la maison, et en le rallumant j'étais tombé sur sa session MSN. J'avais lu les insultes, les messages qui la traitaient de pute, de salope. J'étais intervenu, j'avais menacé ce type de lui péter la gueule, sans penser un instant demander à ma sœur ce qu'elle en pensait. Je me souviens avoir été fier de moi : après tout, j'étais le *grand frère*.

Je n'ai jamais frappé aucune des filles avec lesquelles je suis sorti. Je n'en ai jamais bousculé, jamais réveillé non plus au milieu de la nuit parce que j'étais bourré et que j'avais envie. Mais j'avais beau trier mes souvenirs pour me convaincre que j'étais un mec propre, il me restait en mémoire, intacte, une nuit de l'été 2006. J'avais 18 ans. J'étais amoureux d'une fille qui ne voulait plus de moi. C'était la Coupe du monde de football, la dernière de Zidane, et il n'avait pas encore envoyé son crâne chauve dans la poitrine de Materazzi. On était quatre banlieusards entassés sur la banquette arrière de la 205 de Mustapha, le seul parmi nous qui avait le permis, et on s'était aventurés à Paris, au stade Charléty, où un écran géant retransmettait la demi-finale contre le Portugal. La France l'avait emporté, et on s'était laissé enivrer par la foule jusqu'à la place de la Bastille. Ça chantait, ça hurlait, ça tapait sur les capots des bagnoles à en creuser la tôle.

Vers 1 heure du matin, j'ai perdu la fille. Je l'ai cherchée un moment, et quand j'ai reconnu sa silhouette, elle se faisait draguer par un mec qui devait avoir 27 ou 28 ans, ce qui me semblait un âge avancé à l'époque, un âge adulte. Ils étaient rue du Faubourg-Saint-Antoine, devant un bar de salsa qui n'existe plus. Je les observais de loin, sentant la jalousie m'envahir. Il lui a pris la main et, avec son pantalon en lin et son sourire de mec sûr de lui, l'a invitée à danser. Elle a accepté. Ils sont entrés dans ce bar. J'ai attendu avec ma colère. Je n'avais plus du tout envie de chanter, je me foutais royalement de Zidane et de la Coupe du monde. J'ai fini par entrer et foncer droit sur le couple qui dansait en souriant. Je me souviens de la musique : *Mas que nada*, Black Eyed Peas et Sergio Mendes. Je l'ai attrapée par le bras et l'ai tirée à l'extérieur, où nous attendait le reste de la bande. On a rejoint la 205 de Mustapha et on a fui Paris pour retrouver la maison, Évry. J'étais assis à sa droite sur la banquette, je bouillonnais en regardant les gens heureux de l'autre côté de la vitre. On s'est vite engueulés, et parce qu'elle m'échappait, parce que je lui en voulais, parce que j'étais perdu, je l'ai forcée à m'embrasser. Ce geste désespéré me revient en mémoire précisément parce qu'au même titre que ces hommes violents, Ludovic, Franck, Kader, Azzedine et les autres, à cet instant je me suis senti humilié, insulté, méprisé. D'une manière ou d'une autre, j'estimais qu'en acceptant de suivre ce type elle avait choisi de me manquer de respect. Je ne savais plus quoi faire. Je l'ai embrassée de force à l'arrière de cette voiture, au milieu de nos potes qui faisaient semblant de rigoler. Elle s'est dérobée. Elle a ouvert la fenêtre et a laissé le vent l'inonder. Ensuite, il y a eu les vacances, l'inscription à la fac, des rencontres, des voyages. Nos routes se sont séparées, on n'en a jamais reparlé. Elle est devenue avocate.

Embrasser une femme de force, ou lui mettre une main au cul, ou lui toucher les seins, ou « l'attraper par la chatte[1] », ça s'appelle une agression sexuelle. C'est passible de cinq ans de prison et 75 000 euros d'amende. Au fond, c'est une question de possession. J'estimais que cette fille-là, elle était à moi. Je suis un petit Blanc de 34 ans qui ne se sent pas concerné par les violences conjugales parce qu'il *faut être fou* pour agresser la femme qu'on aime. Mais en quoi suis-je différent de Morcine, quand il dit : « Ma femme, c'est mon sang, elle fait partie de moi » ?

1. Donald Trump, en 2005, dans une vidéo révélée par le *Washington Post* : « Je suis automatiquement attiré par les belles… C'est comme un aimant. Je me mets à les embrasser, je n'attends pas. Et quand vous êtes une star, elles vous laissent faire, vous pouvez les attraper par la chatte, faire ce que vous voulez. »

deux.

Ces dernières années, on s'est remis à lire sur les murs. Collages sauvages. Lettres noires sur fond blanc. « Une femme va être tuée dans quarante-huit heures. » Au pied de mon immeuble, un slogan est resté affiché très longtemps avant que la pluie n'en vienne à bout : « Honorons les mortes, protégeons les vivantes. » À l'origine de cette campagne, il y a la volonté de mettre des prénoms derrière un chiffre : cent quarante femmes sont tuées par leur conjoint chaque année en France. « Hélène, assassinée le 22 mars, elle nous manque » ; « Mariette, battue puis étranglée. » Sandrine Bouchait préside l'Union nationale des familles de féminicides. Elle évite de se balader dans Paris, de peur de reconnaître le prénom de sa petite sœur au coin d'une rue. « Ghylaine, 34 ans, brûlée vive par son mec. »

Sandrine me reçoit chez elle, un petit appartement au sommet d'une tour parisienne. Elle pose deux verres d'eau sur la table de la cuisine. « Ma sœur a rencontré son compagnon en 2007, en discothèque. Ils ont vite emménagé ensemble. » Il présente bien, la famille l'intègre immédiatement. « À tel point qu'on l'a choisi pour être le parrain de notre fils aîné, alors non, vraiment je n'ai rien vu de bizarre chez lui, c'était quelqu'un de tout à fait normal. » La petite sœur de Sandrine tombe enceinte trois ans plus tard. Une fille. Entre les couches et les biberons, l'amour s'évapore, pour disparaître totalement. « Quand il a appris que ma sœur voulait le quitter, il a fait beaucoup de chantage au suicide. Il nous en a fait part, à moi et à mon compagnon ; on a essayé de le réconforter en lui expliquant qu'il avait 40 ans et que ce n'était pas la fin de sa vie. Des familles recomposées, il y en a plein dans lesquelles ça fonctionne très bien, j'en suis l'exemple parfait. » Sandrine n'a pas souvenir d'avoir entendu des menaces, mais Ghylaine lui confiait qu'elle était très surveillée. Il avait toujours un œil sur ce qu'elle mangeait, il lui dictait la façon de faire le ménage… « Ma sœur, c'est la plus jeune de la fratrie, la petite dernière, elle a toujours eu un petit côté princesse, jamais satisfaite, donc quand elle nous racontait ça, on pensait qu'elle exagérait. » Sandrine soupire. Dans son dos, un couloir s'enfuit vers une porte d'où s'échappent des pleurs d'enfant. Peut-être le bébé de son fils. Ou bien la fille de Ghylaine, dont elle a récupéré la garde.

« Le soir où il l'a tuée, elle a essayé de partir. Je le sais parce que sa fille me l'a dit, et parce que je suis entrée dans l'appartement après la levée des scellés. J'ai trouvé ses vêtements en piles sur son lit, comme quelqu'un qui prépare sa valise.

– Que s'est-il passé ? »

Je pose la question en sachant ce qui s'est passé, mais il est parfois nécessaire d'entendre les choses deux fois.

« Il est allé la chercher à son travail. Il l'a ramenée à la maison. Ils se sont disputés. Il l'a frappée. Puis il est allé chercher une bouteille d'eau qu'il avait remplie d'essence, il l'a déversée sur elle et lui a mis le feu. Devant leur fille. Ma sœur est décédée deux jours plus tard. Elle était brûlée à 92 %. »

Elle marque un temps.

« Ce n'était pas un pétage de plombs. Quand quelqu'un pète un plomb, il prend un couteau qui traîne et il poignarde, ou bien une cordelette et il étrangle. Des armes de circonstance. Ce n'est pas ce qu'il a fait, il avait prévu son coup.

– Qu'est-ce qu'il dit, lui ?

– On a eu quatre versions. Dans la première, c'était un accident. Dans la seconde, il a voulu se suicider. Dans la troisième, c'est ma sœur qui a voulu se suicider, et maintenant il dit qu'il ne se rappelle plus. Ça reste la version que je préfère, au moins il n'incrimine pas ma sœur.

– Amnésie ?
– Il dit que les grands brûlés reviennent de l'enfer, c'est pour cela qu'il ne se rappelle pas. »

Pourquoi des hommes en viennent au meurtre ? Je n'étais pas le seul à me poser la question. Lorraine de Foucher, journaliste au *Monde*, y avait consacré un documentaire, sobrement intitulé *Féminicides*. Dans le dernier quart d'heure du film, la caméra quitte la France pour balayer les montagnes enneigées qui entourent Erevan, en Arménie. Milena, une adolescente aux cheveux très noirs, explique dans un français parfait qu'elle a grandi à Nîmes avec ses parents et son petit frère. Dans le même souffle, sans fléchir, elle ajoute : « Nous nous sommes retrouvés orphelins car mon père a tué ma mère puis s'est suicidé. »

Sa mère s'appelait Ana. Elle était fliquée, frappée, elle avait à peine le droit de respirer, jusqu'à ce qu'elle parvienne à quitter son mari. Elle découvrait peu à peu la vraie vie quand il l'a coincée avec sa voiture, un jour de canicule, à la sortie d'un rond-point, et lui a tiré une balle dans la tempe. « Avec le recul, je pense que la chose a été très mal gérée par notre société, dit Milena. Pour mon père, on aurait pu faire une évaluation psychologique, pour savoir dans quel état il était, parce que c'était vraiment un danger public. Ce que je vois, c'est qu'on s'occupe des victimes de violences conjugales mais pas assez des auteurs, des bourreaux.

Si on ne fait rien avec les auteurs, ça ne va pas marcher. Et au final, on se retrouve avec des cadavres. » La lucidité de cette gosse de 15 ans.

Prendre en charge les « auteurs », cela implique de savoir ce qu'ils ont dans la tête. Je retourne à Lyon, cette fois pour y rencontrer une femme. Une médecin légiste, experte auprès des tribunaux et spécialiste du sujet puisqu'elle a suivi plus de sept cents hommes et qu'elle est l'autrice, entre autres, du « Que sais-je ? » sur les violences conjugales. Liliane Daligand reçoit au premier étage d'une jolie maison du centre-ville, dans la salle de réunion de l'association Viffil qui lutte contre les violences intrafamiliales et dont elle est la présidente depuis 1986. Au fil de sa longue carrière, Liliane Daligand a expertisé des centaines d'hommes violents. Pour ceux qui ont tué, elle demande au juge de rencontrer leur mère. « On est souvent dans un rapport incestueux : il n'y a que la nourriture de maman qui est bonne, le café de maman est le meilleur du monde, ce que tu fais toi, c'est dégueulasse mais elle, oh là là, qu'est-ce que c'est divin. Il y a la mère et la putain. Les femmes peuvent être insultées, frappées, mais pas maman. » Je lui raconte Azzedine, qui rêve d'une femme qui viendrait de l'ancien temps, de l'époque qu'a connue sa mère.

« Il dit : "Les femmes d'aujourd'hui, c'est une sacrée connerie."

– Oui, c'est des putes. Alors que maman elle était pure, saine, etc. Ce matin, j'ai relu l'expertise que j'avais réalisée d'un homme qui avait quitté le Portugal avec sa mère quand il avait 7 ans. Ils ont vécu en France jusqu'à ce que le fils soit en âge de se marier. Puis il est retourné au pays avec maman et s'est trouvé une femme qui s'appelait Maria, comme sa mère. Ils ont vécu à trois, ce qui exaspérait la jeune épouse. Elle est tombée enceinte, elle a eu un garçon, et la grand-mère s'est beaucoup occupée de son petit-fils, alors la jeune femme a insisté pour déménager. Ils se sont installés quatre étages plus bas, puis dans l'immeuble d'en face, et un jour, un dimanche soir, elle a dit qu'elle en avait assez de cette mère omniprésente, alors il l'a étranglée, l'a roulée dans un tapis, la mise sur le balcon et l'a coupée en petits morceaux qu'il a placés dans des sacs-poubelle, disséminés ensuite aux quatre coins de la ville. À la police, il a déclaré : "Elle est partie."

– Le corps a été retrouvé ?

– Non, mais cette femme s'entendait bien avec un médecin qui n'a pas cru à sa disparition, alors il y a eu une enquête, et finalement le mari a reconnu qu'il l'avait tuée.

– Vous avez pu rencontrer la mère ?

– Son fils était tout pour elle. C'est le problème du "tout". Devant moi, elle le défendait en disant que sa belle-fille n'avait eu que ce qu'elle méritait.

Elle a continué d'insister devant la cour d'assises. Le problème était simple : il ne pouvait y avoir qu'une Maria. »

À 16 ans, Liliane Daligand était tombée sur un article qui présentait la profession de psychanalyste. Elle avait demandé son avis à sa prof de philo, qui lui avait répondu : « Faites médecine et vous verrez. » En bonne élève, elle a fait médecine, soutenu sa thèse, ouvert la porte des urgences et commencé à recevoir les victimes. Beaucoup de suicidants, à qui elle posait toujours la même question : « Qu'est-ce qui fait que vous voulez mourir ? » La réponse avait souvent à voir avec une histoire d'amour, mais en creusant un peu elle découvrait un pourcentage hallucinant de victimes de violences durant l'enfance.

« Pendant l'examen médico-légal, les gens me parlaient beaucoup, ils demandaient à me revoir, les femmes surtout. Donc je me suis formée. J'ai passé un diplôme de psychiatrie, je suis entrée en analyse et je suis devenue psychanalyste. Ce sont les victimes qui m'ont poussée à devenir psy. Et j'en suis contente, parce que j'ai accès au corps et à l'esprit. En tant que médecin légiste, je peux examiner, et si vous réalisez l'examen avec beaucoup de respect, ça amène à la confidence, à la parole. » Restent les autopsies. Au début, elle ne pouvait pas. La première, c'étaient trois enfants morts dans l'incendie d'une caravane.

Les parents étaient au cinéma. Ensuite, il y eut des meurtres de prostituées. Des femmes mortes en train d'avorter. « D'où mon engagement militant. Des filles de 20 ans qui mouraient parce qu'elles s'étaient enfilé des tuyaux, des aiguilles à tricoter, c'était atroce. »

Un homme entre et dépose deux cafés sur la table. Derrière lui se traîne un gros chien à l'air inoffensif, un labrador ou un golden retriever, de ce que je sais des chiens. Il se laisse choir à nos pieds avec lassitude. Quand Liliane Daligand travaillait encore à l'hôpital, le parquet de Lyon lui envoyait les auteurs de violences conjugales en évaluation. Elle a eu tous les âges, de 20 à 80 ans. Pour un tiers d'entre eux seulement, il y avait un problème d'alcool. « En revanche, ils ont de grosses difficultés d'identification au père. Ils ne sont jamais à la hauteur. La catégorie la plus représentée parmi les violents conjugaux est celle des immatures. Je n'aime pas bien les catégories, mais on trouve aussi beaucoup de jaloux. Des hommes qui n'ont aucune confiance en eux. Ils ne sont pas sûrs d'eux, les jaloux – s'ils l'étaient, ils pourraient faire confiance et ne seraient pas jaloux. Ensuite il y a les psychorigides, des obsessionnels de l'ordre, rien ne doit dépasser, tout doit être ponctuel, car il y a leur ordre et, en face, les femmes et les enfants qui amènent le désordre. Et puis des paranoïaques, et quelques "pervers narcissiques", une expression que je ne supporte pas, très médiatique. Je n'en ai presque jamais rencontré dans les tribunaux. Les plus fréquents, ce sont les immatures. »

Je savais, pour l'avoir entendu ailleurs, que les violences conjugales touchaient toutes les couches de notre société, sans distinction de richesse ou de niveau d'études, mais je n'en avais pas la preuve. Franck, Kader, Ahmed, Ludovic et les autres sortaient de prison, ils galéraient. À part le copain de Cécile, Julien, qui bossait dans la vidéo à Paris, je n'avais pas de mec riche et violent sous la main. « Il y a des magistrats, des médecins, confirme Liliane Daligand, mais les notables portent peu plainte à cause de la honte sociale. Ils doivent camoufler, cacher, supporter sans faire de scandale, alors que les autres, les pauvres, ils se font repérer. Les voisins interviennent plus facilement si vous vivez en appartement que si vous habitez une grande maison. Quand j'étais à l'hôpital, une médecin m'a arrêtée un jour et m'a dit comme ça, sorti de nulle part : "Mon mari me frappe." Quand je lui ai proposé de venir à l'association, elle m'a dit qu'elle ne pourrait jamais. Et en effet, elle n'est jamais venue. Je la recroisais ensuite dans les couloirs en sachant ce qu'elle vivait, mais elle ne m'en a jamais reparlé. C'est dingue, hein, la force de cette violence qui verrouille les lèvres ? »

Liliane Daligand a reçu des centaines de lettres rédigées à la main depuis leurs cellules par des hommes condamnés pour violences. En déménageant son appartement, elle a retrouvé un carton, et à l'intérieur le dossier d'un homme qui avait tué une prostituée dans les années 1980. « Je l'avais expertisé, et j'ai continué de le suivre en détention après le procès. Il m'avait envoyé cette carte. » Un oiseau est dessiné sur le recto. L'oiseau de la liberté intérieure, dit la légende. « Il ne voulait plus parler, se souvient la psychiatre. J'étais allée le voir à l'infirmerie de la prison. C'est l'homme pour lequel je me suis le plus impliquée. Regardez les dessins qu'il me faisait au début. » Elle exhibe des feuilles A4 jaunies par les années, avec au centre, un dessin que j'aurais spontanément attribué à un enfant de 4 ans.

« C'était succinct… à peine des corps, on dirait des bouteilles, souffle-t-elle.

– Il a pris combien ?

– Douze ans. L'avocat général m'avait demandé de combien de temps j'avais besoin, en analyse, pour que le travail soit efficace. J'avais dit au moins six ans, donc ils lui en avaient mis douze, en sachant que pour bonne conduite, en général, les détenus sortent à mi-peine. »

Elle lit sa lettre à voix haute. « Cette prostituée aimait l'ordre. Énervé, j'ai pris mon couteau dans le sac. Je l'ai frappée. » Puis elle en prend une autre, au hasard dans ses archives. Le cachet de la poste indique 1988. « Je suis désemparé, j'aimerais aller mieux mais je ne sais pas comment faire. J'aimerais une réponse de votre part. Ou encore mieux, un entretien. J'aimerais que vous m'expliquiez plus en détail le rapport psychiatrique que vous avez rédigé à mon sujet et que vous avez fait suivre à mon juge d'instruction. »

« Ils veulent des explications, en fait.

– Oui, et ils ont raison. C'est pour cela que je fais des expertises thérapeutiques, avec des entretiens longs pendant lesquels j'essaye d'être ouverte à tout ce qu'ils peuvent me dire, sans les contester. Comme au début d'une vraie thérapie.

– Mais ils ne parlent pas des victimes.

– Non, c'est vrai, ils ne sont pas en état d'en parler. Ils sont centrés sur eux-mêmes et leurs problèmes. Mais quoi qu'il arrive, le mal qu'ils ont fait à l'autre, ils devront l'aborder. S'ils ne reconnaissent pas leurs fautes ni la souffrance de la victime, la peine n'a aucun sens.

– Vous pensez qu'il est possible de réparer un homme violent ? »

Elle n'hésite pas.

« Oui. Oui. Oui. L'homme est toujours en devenir. S'il a le désir de changer, on peut faire un bon travail. J'en ai rencontré un certain nombre qui revenaient avec leur conjointe ; je les recevais en individuel et elles confirmaient : "C'est vrai, il n'est plus le même avec moi ni avec les enfants."

– Qu'est-ce qui avait changé ?

– Il avait accédé à la parole. Il parlait. Et du coup, il avait accédé à l'altérité. Avant il parlait avec les poings, c'était son mode d'expression. Au lieu de dire "Je ne suis pas d'accord" ou "Ça me blesse", il insultait, il frappait. »

Je ne peux m'empêcher de repenser à l'homme avec lequel j'avais refermé ma série pour France Culture. Le dernier épisode avait pour titre « Pierre, un peu de lumière », parce qu'après des mois à nager dans le déni j'avais rencontré cet homme très costaud, ce Pierre qui « parlait avec les poings », mais qui, après la prison, l'hôpital psychiatrique et six mois de groupe de parole, avait réussi à dire à sa femme : « Je te demande pardon. » Il avait été incarcéré pour avoir porté deux gifles à sa femme, enceinte de leur petit Ryan, une grossesse de cinq mois.

> En prison, j'ai menti à tout le monde. J'ai dit que j'étais entré pour un vol à main armée. Et un jour un surveillant m'a dit : « Je peux te parler ? » Je l'ai suivi dans le bureau et il m'a lancé : « Faut plus que tu reviennes ici. » Il avait ouvert mon dossier. Et juste le fait qu'il me regarde et me dise : « Toi, t'as tapé ta femme », j'avais envie de mourir. […]
>
> Il y avait des choses dont j'avais pas conscience, comme la possibilité de passer une soirée à rire avec ta femme. Ou encore : tu as envie de faire l'amour

avec ta femme mais elle n'en a pas envie alors tu la menaces un peu en lui faisant du chantage, et tu te rends même pas compte que c'est du viol. Ça, je l'ai appris dans le groupe. Je le savais pas. Ma femme m'a dit : « Mais non, c'est pas du viol. » Si, c'est du viol. Et aujourd'hui il peut se passer un mois sans qu'on fasse l'amour, je m'en contrefous. Je l'aime encore plus qu'avant.

C'est honteux, mais ça fait sept ans qu'on est ensemble et je lui ai dit « Je t'aime » il y a seulement deux mois. Pas parce que je l'aimais pas, mais je m'imaginais pas lui dire. Ça m'est même arrivé de voir un couple s'embrasser, se dire « Je t'aime », j'ai changé de place dans le métro. Ils m'ont regardé comme un extraterrestre, un monstre sans cœur. Mais c'est vrai, on a honte de dire « Je t'aime », de dire « Je me suis trompé, excuse-moi ». On a honte de le faire, et aussi bizarre que cela puisse paraître, cette honte peut se transformer en agressivité et en violence.

Liliane Daligand parle de la violence comme d'une addiction. D'abord on insulte. Puis vient le premier coup, vite excusé, et tous les autres, de plus en plus fréquents et de plus en plus violents. On se shoote à la violence comme à l'alcool, à la clope, à la coke. On augmente la fréquence des prises et on augmente les doses. « Certains me disent : "Je ne pouvais plus m'arrêter. Je pensais y arriver seul, mais il a fallu les gendarmes pour que j'en sois libéré." Comme peuvent le dire des violeurs à répétition ou des pères incestueux :

“C’était plus fort que moi.” » Et la violence contamine, d’auteurs en victimes. « Des femmes me disent : “Quand il ne me frappait plus, je n’existais plus.” C’est terrible à entendre. C’est dramatique. Mais c’est pour cela qu’elles reviennent tout le temps. Elles sont accros. Il faut un sevrage pour l’auteur et pour sa victime. Il faut traiter tout le monde. Les hommes, les femmes, les enfants. »

Je pense à Franck, à son père tyrannique et à sa femme, Sandrine, qu’il frappait tous les jours de l’année et qu’il aurait continué de frapper sans se poser de question si les gendarmes n’avaient pas déboulé dans le salon. Sandrine n’est jamais revenue, mais Liliane Daligand observe qu’environ 20 % des femmes hébergées par son association finissent par retourner habiter chez l’homme violent. « Elles disent qu’elles l’aiment. J’avoue qu’au début j’étais complètement désespérée. À quoi on sert ? Mais le phénomène de va-et-vient est normal. » Il faut en moyenne sept séparations avant une rupture définitive. Dans certains cas, il n’y en a qu’une ou deux, et pour d’autres il en faut dix ou vingt. « J’ai expertisé un homme qui avait tué sa femme et leurs quatre enfants. Il me disait : “Elle est partie des centaines de fois.” » Une étude a été menée sur les victimes à l’institut médico-judiciaire de Toulouse. La plupart des femmes interrogées ont répondu qu’elles n’avaient pas porté plainte parce qu’elles voulaient qu'il soit soigné, parce qu'il faut que les enfants aient un père, parce qu'il allait changer. « Le jour où elles partent, elles ont compris qu'elles allaient y passer. Elles sont sur le fil du rasoir ; comme dans la toxicomanie, la mort est possible. »

Je descends d'un étage. Dans la cuisine, l'équipe de l'association est en réunion. Louise, comme ses collègues, a la trentaine. Elle travaille ici depuis cinq ans, au contact des femmes et de leurs enfants. « Je commence vraiment à m'interroger sur l'autre côté de la barrière, les auteurs, et ce qui se joue dans la relation avec la victime. On reçoit parfois des dames qui n'ont connu que des hommes violents. Elles ont l'impression de manquer de chance, de tomber toujours sur le même mec. Ça m'intéresse. Pourquoi sont-elles attirées par des hommes qui vont leur faire du mal ? » Elle prend l'exemple d'une femme passée sans transition de la violence de son père à celle de son mec, un type qui lui mettait des coups de marteau dans les jambes, qui la brûlait avec des cigarettes… Des sévices hallucinants qui avaient fini par lui sembler banals. Louise sent sa réflexion évoluer. « Je me place toujours du côté des victimes, je tiens à le préciser, mais quelque chose me pousse à comprendre ce qu'il se passe entre les deux. D'où viennent les violences, le passage à l'acte ? J'ai besoin de savoir. Est-ce que madame en a eu tellement marre qu'elle a fini par répondre, ce qu'elle ne faisait jamais auparavant, et ça a été reçu comme quelque chose d'insupportable, donc les coups sont partis ? »

Elle marque un silence et inspire, comme s'il lui fallait assez d'air pour ce qui va suivre. « J'ai reçu une dame ici, pour un hébergement, et puis elle a disparu. Elle était repartie auprès de son ex. Elle a fouillé dans son portable, elle a trouvé des photos de son pénis, elle s'est énervée, il a tenté de l'étrangler. Il est passé en comparution immédiate. Ce monsieur n'était pas connu des services de police. C'est ce qui m'a étonnée : une seule plainte et l'éloignement avait été prononcé – en général, il faut plusieurs condamnations. Eh bien, cela n'a pas suffi. Elle était hébergée chez une amie. Il a trouvé l'adresse. Il a attendu le petit matin, qu'elle sorte pour se rendre au travail. Et il l'a écrasée. Avec sa voiture. »

Le truc avec la violence conjugale, c'est qu'on ne se sent pas concerné. Notre fascination pour la mort nous pousse à compter celles qui ne peuvent plus témoigner – 146 femmes assassinées en 2019, 102 en 2020, 113 en 2021 – mais si on s'intéresse aux chiffres, il existe une autre statistique : 220 000 femmes déclarent chaque année subir des violences conjugales. Prenons l'info dans l'autre sens et on se retrouve avec 220 000 mecs violents. Ça fait du monde. Surtout quand on sait que toutes les victimes ne parlent pas et qu'on ne voit jamais l'iceberg en entier. Mais restons sur ce chiffre. Ces 220 000 mecs violents, ce ne sont pas 220 000 monstres, 220 000 bêtes féroces qui sillonnent nos rues à la recherche d'une proie facile. Ce serait si simple. Un loup, ça se traque, ça se tire, ça s'empaille. Non, dans ces 220 000 hommes, il y à votre père, votre oncle, votre frère, votre meilleur ami, votre voisin, votre patron, votre collègue de bureau, le boulanger du coin de la rue, le fromager sympa qui file du comté gratis à vos gamins, l'entraîneur de tennis de votre fils. Pas des monstres. Des mecs normaux. Et c'est bien le problème.

En écrivant ce livre, je repense à mon ancien voisin, Michel. J'ignore s'il est encore vivant. Michel avait la réputation d'être le boulanger le plus doué de la région, tout le monde s'accordait à dire que son pain était le meilleur à cinquante kilomètres à la ronde, sans parler de sa tarte aux prunes. C'était un homme adorable. Petit et replet – un mètre soixante à tout casser –, toujours une blague au coin de la bouche quand on le croisait dans la petite rue en pente de sa boulangerie. Je réalise aujourd'hui à quel point les blagues sont utiles pour éviter les vrais sujets, et Michel était un farceur.

Je devais avoir 7 ou 8 ans quand, l'hiver, je descendais dans son atelier, attiré par le grésillement de son transistor, la chaleur du four et l'odeur de sucre et de farine qui s'échappait par une porte toujours ouverte. J'y venais seul, connaissant l'heure à laquelle Michel préparait les viennoiseries. D'un geste précis, il entortillait la pâte et faisait naître un croissant. Quand il n'était pas à la bourre, il me laissait placer le bâtonnet de chocolat dur et froid au cœur de ce qu'il appelait, avec son accent du Périgord, une chocolatine. J'avais le droit de me servir. J'en garde un goût amer, trop noir, mais c'était un cadeau et je ne voulais pas le vexer alors j'avalais ça comme un Kinder. De temps en temps, Michel me lançait, comme si un rat venait de traverser l'atelier :

« Tu l'as vu ?

– Nan, quoi ? je demandais, intrigué.

– Approche. »

Je scrutais le plan de travail mais ne voyais rien, rien que des petits paquets de farine, les mêmes qui constellaient le sol, son tablier et les parois du pétrin. Quand je me penchais suffisamment en avant et qu'il m'estimait mûr pour la blague, il me plongeait le visage dans une boule de pâte. Ça nous faisait rire aux éclats. J'aimais ça, cette complicité avec un adulte.

Ce vieux souvenir me revient parce que j'ai su bien plus tard, par ma mère, que Michel était extrêmement violent. Il foutait des raclées à son fils, Sébastien, un petit blond avec un bec-de-lièvre qui conduisait une mobylette et donnait toujours l'impression d'être sur le point de s'enfuir. Ce que subissait Sébastien n'était rien à côté de l'enfer que vivait Christine, sa mère. Elle n'était pas bien grande elle non plus, mais au fil des années il m'a semblé qu'elle avait rapetissé. Elle se recroquevillait derrière la caisse de sa boulangerie, toujours vêtue du même vieux pull en laine. Je lui volais des bonbons quand elle avait le dos tourné.

Elle devait le savoir et elle devait s'en foutre, elle avait d'autres problèmes. Il lui est arrivé une bonne dizaine de fois de fondre en larmes en rendant la monnaie à ma mère. Elle n'arrivait pas toujours à cacher ses bleus, et je sais maintenant que les clients étaient nombreux à lui suggérer de porter plainte et préparer l'après. Ce n'est jamais arrivé. La dernière fois que j'ai vu Christine, elle était ivre. L'alcool lui était apparu comme une solution, ou a minima un remède pour survivre. Ce jour-là, je lui aurais donné 65 ans. Elle n'en avait pas 50. Je vous raconte ça parce que Michel était, je le répète, le boulanger le plus charmant qu'il m'ait été donné de rencontrer. Un mec sympa. Un mec violent.

J'ai intitulé ma série pour France Culture, « Des hommes violents ». Elle a été diffusée le 25 novembre 2019, journée internationale pour l'élimination de la violence à l'égard des femmes. L'actrice Adèle Haenel venait de dénoncer les agressions sexuelles dont elle avait été victime, enfant, de la part du réalisateur Christophe Ruggia. Sur le plateau de Mediapart, extrêmement émue, et forte, et déterminée, elle avait prononcé ces mots que j'avais ajoutés au dernier épisode, comme un point final : « Les monstres, ça n'existe pas. C'est notre société. C'est nous, c'est nos amis, c'est nos pères. Et on n'est pas là pour les éliminer, on est là pour les faire changer. Mais il faut passer par un moment où ils se regardent. Une femme sur cinq – et je suis gentille, car c'est beaucoup plus que cela – est confrontée à la violence des hommes. Donc on peut quand même questionner ce que c'est que la virilité, aujourd'hui. »

En retournant sur Mediapart quelques jours plus tard, je suis tombé sur une tribune qui m'a beaucoup étonné, parce qu'elle me concernait au premier chef. Titrée « La violence de "Des hommes violents" », elle explique sur dix-sept paragraphes que je n'ai rien compris au sujet et que ma série est sûrement le pire objet journalistique ayant vu le jour à propos des violences conjugales.

> À la fin du reportage, on se demande bien ce que le journaliste a « appris » des hommes violents. La manière de traiter le sujet laisse présager d'une recherche de preuve du statut de victime de la part d'un individu dominant qui attend d'être éduqué par des histoires édifiantes de violence. On s'interroge sur les motivations d'une radio légitime, dont les émissions à vocation scientifique et culturelle disposent a priori d'une présomption de qualité, à diffuser ce reportage dans une période favorable aux actions de sensibilisation aux violences faites aux femmes. L'adhésion de France Culture à des propos des agresseurs serait-elle une manière de provoquer un débat et d'appeler une réaction ?

J'ai contacté les cosignataires, toutes des femmes, et j'ai rencontré l'une d'elles, une conseillère conjugale et familiale. Véronique Perrais m'a donné rendez-vous à la Défense. À cause du confinement, on était privés de la chaleur des cafés, donc on s'est mis à tourner comme des hamsters sur la dalle gelée, relevant nos cols quand le vent se mettait à siffler. Véronique Perrais m'a expliqué qu'elle n'avait rien contre moi, personnellement, seulement cela faisait quinze ans qu'elle bataillait pour porter la voix des victimes et ça lui avait été insupportable d'entendre Ludovic, Kader, Azzedine, Jean-Luc, nous démontrer par A plus B qu'ils n'étaient pas des salopards.

« J'ai tellement le sentiment que c'est difficile de faire passer le message, et surtout de débloquer des moyens pour accompagner les enfants, qui ont 75 % de risques d'être victimes si ce sont des filles et d'être auteurs si ce sont des garçons. Donc votre podcast qui arrive là-dessus…

– Vous les sortez d'où, ces chiffres ? je demande.

– D'une enquête menée avec une collègue dans le cadre d'un diplôme universitaire de victimologie. »

À ses débuts, Véronique Perrais avait reçu une trentenaire, enceinte, qui venait de quitter son conjoint parce qu'il voulait lui imposer une IVG. Il était violent, il la dénigrait beaucoup. Elle avait accouché d'un petit garçon, il était venu les voir à l'hôpital, et en sortant elle avait accepté l'idée que, peut-être, ils pourraient se remettre ensemble. Véronique Perrais avait vu le couple en entretien pendant quelques semaines, avant d'apprendre que l'homme avait tué sa femme d'un coup de fusil.

« C'est arrivé un matin. Il a déposé l'enfant chez la nounou, ce qu'il ne faisait jamais. Et il l'a tuée d'une balle dans le dos.

– Vous savez ce qu'il est devenu ?

– Il a pris huit ans. Il a fait la moitié.

– Huit ans ? J'ai un ami qui a pris treize ans pour des cambriolages.

– Si vous saviez comme je suis en colère contre la justice quand je vois ça. Des mecs incarcérés parce qu'ils ont volé de la bouffe, ou parce qu'ils sont sortis trois fois de chez eux sans attestation. Par contre un homme qui tue sa femme, c'est rien. Et encore, lui est allé en prison. Mais il y en a combien qui bousillent la vie de leur conjointe et qui ne sont même pas inquiétés ? »

En plus de cette tribune, j'ai reçu des dizaines de mails. Beaucoup de femmes se reconnaissaient à travers les victimes. Des hommes, aussi. Parmi eux, un dénommé Jacques. « Le couple de ma fille a volé en éclats pour cause de violence de la part de son compagnon, écrivait-il. Je me permets, avec l'accord de ma fille, de vous transmettre le récit de cette relation toxique qu'elle m'a fait parvenir. » S'ensuivait une description précise de la détérioration, mois après mois, d'une relation qui avait pourtant débuté dans une passion « magnétique », « animale ». « Il y a eu une forme de dépendance, comme une addiction à une drogue. J'avais besoin de le voir. Je me réfugiais même chez des amis en leur disant : "Empêchez-moi." » La fille qui raconte s'appelle Cléo. Elle est orthophoniste. Son mec, Tom, est kinésithérapeute en libéral. « Je me souviens d'heures passées à pleurer en boule dans un coin de ma salle de bains. D'heures passées au téléphone à ne pas comprendre le pourquoi de la dispute. Ses colères étaient effrayantes : des cris, des exigences, une froideur extrême. » Il y a une première bousculade, bien sûr. Il y en a toujours une. Un premier coup. Un premier étranglement. Puis la tension est là tout le temps. « Tom me poussait à m'améliorer. Faire la vaisselle, le ménage, passer l'aspirateur dans les coins devenait un challenge, il fallait me dépasser, je me disais que je devais lui prouver que je faisais bien. Quand j'étais agacée de cette vaisselle qui traînait, et du fait que je la faisais sans cesse, je me faisais disputer. Il me disait qu'il adorerait être à ma place à faire la vaisselle et être à la maison tous les jours. Et puis je pouvais apprendre à la faire avec plaisir. » La lettre de Cléo se refermait par les phrases que Tom lui balançait au visage.

– T'es pas capable.
– T'es hystérique.
– T'es une merde.
– Va te pendre.

– Va te faire foutre.
– Tu me fais perdre mon temps.
– Tu me freines.
– J'ai une longueur d'avance sur toi.
– Baisse les yeux.
– Ferme ta gueule.
– Ferme ta grande gueule de conne.
– Va ranger ta vie.
– Tu me dégoûtes.

J'ai échangé des heures au téléphone avec Cléo. Je n'ai pas vu ses bleus mais j'ai entendu Tom lui hurler dessus. Vers la fin de leur relation, elle l'avait enregistré, pour se rassurer et avoir une preuve à brandir en cas de procès. Un soir, il lui reproche d'avoir tout raconté à sa psy.

« Tu veux me pourrir, lâche-t-il.

– Mais t'as pas vu mes mains tremblantes ? T'as pas vu que les limites avaient été franchies ? Ce qui me fait mal, c'est que quelqu'un qui est censé m'aimer me traite comme ça.

– Comment ?

– Qui me dit devant ma fille de 6 ans que je suis une merde.

– J'ai pas dit ça. J'ai dit : "Il faut vraiment que je te considère comme une merde pour que tu comprennes les choses." »

Cléo a souffert du mépris, au point d'espérer un accident de voiture pour susciter un regard attendri.

Elle a songé à s'immoler devant une station-service ou à se jeter sous les roues d'un bus un matin qu'elle allait au travail. Quand je lui ai demandé ce qui l'en avait empêchée, elle a répondu: « J'aime trop la vie, je crois. »

Une auditrice, une infirmière prénommée Noura, m'écrivait qu'elle aussi avait eu à encaisser les coups d'un « soignant ». Ses phrases énigmatiques traduisaient une sensibilité à fleur de peau. « Les cicatrices resteront dans mes chairs et mon âme. J'apprends à vivre avec. Voilà une histoire de femme parmi tant d'autres… » Je l'ai appelée. Elle m'a tout de suite confié que son premier homme violent, c'était son père. « Il m'emmenait à Paris, passer les vacances chez des cousins, et il m'a forcée à une fellation dans les toilettes du tramway. Par la suite, quand je levais le regard sur lui, il me frappait jusqu'aux portes de la mort. J'avais 7 ans. » Ils étaient huit gosses à la maison. Tous étaient battus. « La dernière fois que mon père a porté la main sur moi avec une raquette de tennis, il aurait pu me tuer. Il m'a arraché le cartilage d'une oreille. »

En prononçant cette phrase, des flashs lui parviennent, elle s'interrompt pour pleurer un peu. « J'ai quitté la maison à 18 ans et je me suis juré que personne ne lèverait plus la main sur moi. » Elle pleure un peu plus longuement. « C'était une promesse. »

Elle soupire dans le combiné : « C'est arrivé à nouveau en 2004, j'avais 40 ans. »

Noura venait de subir un accident de voiture. Traumatisme cervical. Son médecin traitant lui avait proposé d'aller voir un ami kiné. « C'est quelqu'un de très bien, tu verras. » Dans la salle d'attente, elle s'en souvient parfaitement, elle lisait une affiche au mur quand elle l'a vu sortir de son bureau. La première pensée qui l'a percutée, c'est : « Tiens, un prédateur. » Le kiné s'appelle Jean-Paul. Il la drague gentiment, l'invite à manger. Elle est séduite. Ils sortent ensemble.

« Pourtant je m'étais toujours débrouillée pour faire capoter mes relations amoureuses. Quand quelqu'un commençait à me dire "Je t'aime", je prenais mes jambes à mon cou. Je ne pouvais pas le concevoir.

– Vous savez pourquoi ? »

Silence. « Ma mère me disait : "Ne t'approche pas des gens pour qu'ils ne voient pas combien tu es moche." J'ai une cicatrice sur la lèvre supérieure. Ça ne saute pas aux yeux, parfois je ne la vois même plus. Mais selon ma mère, ça me défigurait. »

Jean-Paul frappe quand il est frustré. La première claque part à cause d'un paquet de cigarettes trouvé dans un sac à main. La deuxième arrive quelques semaines plus tard, dans la salle de bains. Noura venait de chuter à vélo et lui demandait de l'aide pour retirer ses pansements sanguinolents. Elle est assise au bord de la baignoire quand il la frappe du plat de la main. Elle glisse en arrière et le robinet manque de lui perforer la base du cou. Quand elle se relève pour appeler le commissariat, Jean-Paul arrache les fils du téléphone. Noura parvient à s'enfuir. « Le lendemain, je suis allée le trouver à son cabinet. Il a eu un rire mauvais. Il m'a dit : "Tu sais comment ça va se passer ? Tous les gendarmes de la région, je les connais." » Noura porte plainte quand même. Le gendarme se nomme Stéphane. Il lui dit : « Je le connais, en effet, mais ici je suis sur mon lieu de travail et je le ferai jusqu'au bout. » Jean-Paul est condamné l'après-midi même en comparution immédiate. Après leur séparation, Noura a découvert qu'elle n'était pas la première. Une jeune femme, prof dans un lycée, avait déboulé dans le cabinet de Jean-Paul, le visage tuméfié. Elle avait fait un esclandre.

« Pourquoi frappe-t-il ? » je demande à Noura. Elle dit d'abord : « Je ne sais pas, c'est un mystère. » Puis prend le temps de la réflexion : « Je pense qu'une femme qui peut se débrouiller sans lui, ça l'agace. C'est mon indépendance qui lui faisait peur. Une fois il m'a dit : "Tu ne pourrais pas faire un peu semblant ? – De faire quoi ? – La petite nénette soumise." » Ce jour-là, Noura avait ri, et ce rire l'avait ramenée en enfance, quand elle fixait son père dans les yeux, et que sa mère détournait sa joue d'un signe de la main en disant : « Pas le visage, elle a école demain. »

La série de France Culture continuait d'être écoutée. Plus d'un million et demi de téléchargements, et sur ma boîte, les mails s'accumulaient. Certains étaient directement adressés à Cécile, la jeune femme de Montreuil, celle qui témoignait dans le premier épisode. Je lui faisais suivre, chaque semaine, les messages d'auditrices qui pensaient à elle. Elle hallucinait du soutien de proches et moins proches qui réalisaient soudain l'« ampleur du sujet ». En revanche, les personnes concernées n'étaient, comme par magie, jamais tombées sur l'émission. « Julien, le coloc de Julien, mon père, branchés pourtant quotidiennement sur France Culture. C'est vraiment pas de chance de ne "pas voir" comme ça, n'est-ce pas ? "Fascinante nature humaine !" comme dirait Édouard Baer. »

Elle poursuivait des études de psychologie. Elle avait besoin de *comprendre*. De mon côté, j'avais le sentiment de n'avoir raconté que la violence des pauvres. Les hommes rencontrés à Lyon sortaient de prison. Leurs histoires dessinaient la violence d'une France populaire, laborieuse. Mais de façon assez inattendue, la diffusion de leur parole m'ouvrait les portes de foyers plus aisés. Les auditrices de France Culture décrivaient des conjoints médecins, avocats, directeurs de centres culturels, traders, enseignants, cadres supérieurs. Dans l'immense majorité, aucun d'entre eux n'avait été condamné.

Amélie dirige un théâtre. Un grand théâtre. Son mail était celui d'une femme tiraillée entre le besoin de témoigner et la peur de se mettre à nouveau en danger. Elle choisit un lieu public pour notre rencontre, le parc Georges-Brassens, au sud de Paris. À mon arrivée, elle est sur un banc au soleil, au milieu des retraités, des chômeurs et des jeunes qui sèchent le lycée. Elle semble me reconnaître, et sourit. Je suis encore à une dizaine de mètres mais c'est plus fort que moi, je cherche des traces de coups, des stigmates sur son visage. Elle porte des gants et un manteau de laine. Il fait très froid, mes doigts gèlent sur mon stylo, je prends des notes que j'aurai du mal à relire.

L'histoire d'Amélie est celle d'une femme fraîchement séparée à qui on dit un soir dans un bar : « Tu devrais te mettre sur Tinder, ça te fera du bien », qui télécharge l'appli sans trop y croire, et commence à matcher. Son premier rendez-vous, méfiante, elle le donne à l'heure du déjeuner. « J'habitais Saint-Denis, dans le 93. Le premier truc que le mec me dit, c'est : "Qu'est-ce que t'es allée foutre là-bas ?" J'ai pensé qu'il était très con, et j'aurais dû me casser, mais je travaille dans l'art, dont le principe est quand même d'aider les gens à dialoguer. Je suis restée. Je suis tombée amoureuse. J'avais 36 ans. » Cet homme s'appelle Jean-Didier. C'est un banquier du 7e arrondissement, élevé dans le 7e arrondissement, fils d'une grande famille du 7e arrondissement. « Il se demandait à voix haute si ses amis allaient me valider. Il avait besoin de voir dans les yeux de ses potes que je pouvais être sa femme.» Amélie est née en Normandie, d'une famille qu'elle décrit avant tout comme raciste. «Mes parents étaient contre le fait que je fasse des études. J'étais une très bonne élève. Je voulais entrer en prépa, ils me disaient: "Tu seras manager au McDo, on t'a trouvé une place", et c'était pas une vanne, ils étaient sérieux.» Un mois après sa rencontre avec Jean-Didier, ils s'installent sous le même toit. Les débuts sont parfaits, mais les débuts n'ont pas d'importance, ils sont toujours parfaits. C'est ce qui arrive juste après, quand on retrouve la vue, qui compte. Jean-Didier souffle le chaud et le froid, lançant dans une même phrase qu'il aime sa joie de vivre mais qu'il n'a pas de cœur et qu'elle ne doit surtout pas s'attacher à lui. «Je pensais que c'était une posture, et je me suis attachée, bien sûr. Pourtant, c'est quelqu'un qui était capable de dire des choses atroces, du genre: "Moi les faibles je m'en tape, rien à foutre des pauvres, je vais pas me faire chier à penser à eux."» Amélie le quitte une première fois, ce qui le met dans tous ses états. «Il était comme un petit garçon. Il m'a suppliée: "Me largue pas." Puis il m'a dit: "On est faits l'un pour l'autre." C'était une phrase que je n'avais jamais entendue.»

Trois mois plus tard, le soir de son anniversaire, Jean-Didier lui propose de faire un enfant. Quand elle tombe enceinte, leur couple ne tient déjà plus qu'au dévouement d'Amélie. «On avait rendez-vous et je restais seule des heures à l'attendre. Quand je le lui faisais remarquer, il me répondait : "Personne ne t'a obligée à rester." J'étais enceinte, j'étais accrochée. De plus en plus accrochée, même. » Le sexe, après s'être raréfié, finit par disparaître. « Quand je rentre du boulot, tu devrais me sauter dessus. Tu devrais avoir envie de moi, même quand je te parle mal », ose-t-il, avant de décréter qu'Amélie est nulle au lit et qu'il vaut mieux se faire plaisir seul dans la salle de bains. « Il se masturbait trois à quatre fois par jour, tous les jours. Il était abonné à je ne sais combien de comptes Instagram de meufs à poil, et ça le dérangeait pas, il les regardait devant moi. »

Elle accouche d'un garçon, Émile. Quelques heures après la naissance, Jean-Didier quitte la maternité pour se rendre à un mariage et laisse Amélie rentrer seule, le lendemain, à la maison. Elle reçoit une vidéo de lui à 2 heures du matin, déchaîné sur la piste de danse. « Avec le bébé, il n'a pas eu d'émotion particulière. En salle d'accouchement, je m'accrochais à la sage-femme, je la fixais parce que je voyais que pour elle il se passait quelque chose de fort. Mais lui, non, je le faisais chier à avoir mal. »

Amélie s'enfonce dans la dépression, mais n'est plus capable de le quitter. Elle pense, il n'est pas parfait, mais moi non plus je ne suis pas parfaite, on va s'en sortir, jusqu'au jour où il la plaque au sol et lui envoie un coup de poing dans l'œil. « J'ai hurlé, j'ai appelé mes parents et j'ai sauté dans un Uber. Il est rentré de force dans la voiture. Je ne savais plus quoi faire. Tout ce qui se passait me semblait immense. » Je l'écoute et repense à *Mon roi*, le film de Maïwenn où Vincent Cassel joue un manipulateur tout-puissant. Quand Emmanuelle Bercot lui annonce qu'elle veut divorcer, il répond par une question :

« Tu m'aimes encore ?

– Oui… avoue-t-elle.

– Bon ben, c'est bon alors, c'est réglé.

– Non, c'est pas réglé ! Le problème, c'est ni toi ni moi, le problème, c'est nous deux ensemble. »

En fait, c'est une question de domination. Amélie, comme la femme jouée par Emmanuelle Bercot, élève seule son fils et se bat pour entretenir une flamme fragile, l'image fantasmée qu'elle se fait d'un couple « normal ». Elle réussit à porter plainte, mais l'enquête est bâclée, torts partagés, et elle se retrouve (elle aussi !) condamnée à suivre un stage contre la violence. « J'étais la seule femme, je pleurais en continu, l'animateur passait son temps à m'offrir des mouchoirs. Comme Cécile, j'ai eu l'impression que les mecs avaient passé une bonne journée. » La fin de cette histoire, c'est qu'Amélie n'est jamais parvenue à quitter Jean-Didier. Il est parti quand il l'a décidé, sans oublier de déposer un dossier devant le juge aux affaires familiales pour obtenir la garde exclusive de leur fils. Émile entre en maternelle. Il souffre de crises d'urticaire.

En reportage pour la série, j'avais rencontré Louise, une femme de 28 ans. Louise était séquestrée par son ex dans le sous-sol de ses parents. Ils étaient jeunes, à peine sortis du lycée. Il la frappait et l'étranglait jusqu'à l'évanouissement. Des années après s'être enfuie, il suffisait qu'une main s'attarde près d'une épaule, ou d'un peu de buée sur une cabine de douche, pour que les flashs l'envahissent. Elle avait réussi à partir mais se sentait coupable de « s'être barrée comme une lâche, sans avoir porté plainte ». Elle ressentait le besoin de le revoir, non pas pour se venger ou faire la paix, mais pour le regarder au fond des yeux et lui dire qu'elle se souvenait. Je lui ai confié le Nagra de France Culture, et elle est partie, seule, à la rencontre de son ex, un mec qui approchait la trentaine et qui vivait sa vie sans se poser de question. Il a accepté le face-à-face parce que c'est irrésistible, une ex qui vous recontacte, et dans le micro il a fait résonner sa voix grave et assurée pour lui dire : « Tu sais, moi aussi je fais du podcast, je mène des interviews. » Il s'attendait à prendre le dessus, ça s'entendait, mais Louise n'était pas là pour se remémorer les bons moments. « Tu te souviens que tu me frappais et que tu m'étranglais ? » Le mec a bégayé dans le micro, avant de s'excuser tout en précisant qu'il ne se rappelait de rien, à part peut-être une ou deux colères et des coups de pied dans des placards. Lorsqu'il a été reconnu dans l'émission et que des amis l'ont confronté, il a fait des pieds et des mains pour qu'on modifie sa voix. Je l'ai eu longuement au téléphone. Il flippait pour sa « vie », son « avenir ». Il occupe un poste à responsabilités. Il n'a pas eu un mot pour Louise.

Je prenais conscience que les hommes violents s'en sortent quand ils sont puissants. Si vous êtes Blanc, bien inséré dans la société, et que vous jouissez d'un peu de pouvoir – pas besoin d'en avoir beaucoup –, vous pouvez y aller, il ne vous arrivera rien. Quand l'épisode sur Louise a été diffusé, j'ai été contacté par une jeune femme bouleversée car elle réalisait soudain qu'elle avait vécu la même chose au même âge. Anne-Laure est urbaniste. Pour remonter aux origines de son traumatisme, il faut revenir en prépa au lycée Janson-de-Sailly, dans le très bourgeois 16e arrondissement de Paris. Elle est en « commerce », lui en « maths-physique ». Il s'appelle Enzo. Il est le fils unique d'un designer très connu dans l'automobile.

« On savait qu'on se plaisait. On se l'est avoué à la fin de la deuxième année. C'était mon premier copain.

– Vous n'aviez jamais eu de mec ?

– Non, pas de relation amoureuse, aucune relation sexuelle, je le précise parce que ça commençait à me peser de sentir que j'avais du retard. »

Enzo se définit comme « jaloux ». La jalousie, c'est intéressant, est l'un des seuls défauts qu'en tant que mec on avoue facilement : ce n'est pas grave d'être jaloux, c'est même plutôt bien, c'est la preuve qu'on aime vraiment. Ce genre de raisonnement justifie tous les débordements.

« Il avait peur que je fasse la fête sans lui. A posteriori, c'est rigolo, sachant que je n'avais jamais eu de copain, mais il voulait savoir qui était le premier mec que j'avais embrassé, qui était le premier mec à m'avoir touché les seins, ça le fascinait, il en venait toujours à la conclusion qu'avant lui je m'étais comportée comme la dernière des putes.

– Pourquoi êtes-vous restée ?

– Je ne sais pas. Je m'excusais d'avoir menti, fauté. Je le suppliais tout le temps de bien vouloir rester avec moi. »

Enzo a ses codes Facebook et lit toutes ses conversations. Il prend le contrôle d'Anne-Laure. Elle supprime des photos de vacances qu'il trouve dénudées, demande à ses amis de ne pas poster de souvenirs de soirée, simplement parce qu'elle a l'air heureuse dessus. Le harcèlement vient avant les coups. Anne-Laure se fait parfois tabasser un quart d'heure dans la chambre mitoyenne à celle des parents d'Enzo, sans qu'ils ne bougent le petit doigt. « Ça m'a interrogée. Je faisais attention à ne pas faire de bruit, mais comment pouvaient-ils ne pas entendre ? »

Je ne le comprenais pas, cet Enzo. Je n'avais jamais rencontré de mec comme lui. Parce que ses souvenirs revenaient petit à petit, je suis allé chercher Anne-Laure à la sortie de son travail, boulevard Richard-Lenoir, et en longeant les quais du canal Saint-Martin, on a tenté de trouver une logique à son cas. Le mot *emprise* lui vient spontanément. Une amie l'avait interrogée au sujet des bleus sur ses bras. « Un baby-sitting, les enfants m'ont cognée sans le faire exprès », avait menti Anne-Laure, mais deux ans plus tard elle avait rejoint cette même amie pour un footing sous la pluie avec un œil au beurre noir, et l'amie avait compris.

« Ce coquard, il vous l'a fait comment ?

– Un coup de poing, sûrement. Je me souviens qu'il avait acheté du maquillage chez Sephora pour dissimuler les traces. Il disait : “C'est bête, tu as la peau qui marque.” Sur le coup, je me disais, il est gentil, il va m'acheter du maquillage. »

Inquiètes, des copines composent le 3919 pour savoir comment aborder le sujet. Quand elles osent lui en parler, Anne-Laure débite des mensonges incroyables pour défendre son mec.

« Pourquoi ne pas l'avoir lâché ?

– Parce que je l'avais choisi, lui. C'était mon problème, pas celui des autres. Je refusais de m'avouer que je m'étais mise de mon plein gré dans une situation pourrie. Je voulais me prouver que ça pouvait marcher.

– "Femme battue", c'est une expression qu'on n'utilise plus aujourd'hui. Vous aviez conscience de faire partie de cette catégorie ? »

On marche sous la pluie quand j'ose cette question. Anne-Laure lève les yeux. Il fait nuit. On dépasse le Point éphémère, la salle de spectacle, et on continue de suivre la ligne des quais. Un SDF nous demande un Ticket-Restaurant.

« Je déteste ces mots, finit-elle par lâcher. Quand j'ai entendu votre podcast, je me suis demandé si mon témoignage était pertinent. Parce que je ne me suis jamais pensée comme une femme battue. Une fille dans une relation compliquée, oui.

– Je n'arrive pas à le comprendre, Enzo.

– Il vivait dans l'insécurité. Son manque de confiance en lui se traduisait par un manque de confiance en moi. Et puis il y a la perversion, des trucs tellement… sadiques. Il a réussi à aspirer toute ma sève, tout ce que j'avais d'intime, y compris des complexes qu'il réutilisait pour me faire du mal. »

Anne-Laure n'a jamais trompé Enzo. Non seulement parce qu'elle ne rencontrait plus personne, mais parce qu'elle n'y pensait même plus. Pour chaque garçon qu'elle croisait, même le boucher ou le boulanger, Enzo lui demandait : « Tu l'as trouvé beau ? Tu pourrais te le faire ? » Elle en était venue à répondre qu'ils étaient tous moches. Portée par la légèreté qui a suivi leur séparation, Anne-Laure a eu pas mal d'aventures avec des garçons, avant de s'apercevoir qu'elle aimait les filles. Enzo ne l'a pas dégoûtée des hommes, dit-elle, cela n'a juste rien à voir.

« Comment l'avez-vous quitté ?

– On a vécu quelques mois aux États-Unis, et à notre retour il a fait une dépression. J'ai réalisé que je n'étais pas amoureuse.

– Les coups avaient cessé ?

– Non. Juste avant la séparation, on était partis à la montagne, dans le chalet d'une amie, et il était très seul, il ne skiait pas, il ne parlait pas. En pleine nuit, allongé de son côté du lit, il m'avait donné une série de coups de poing dans le dos. Sans raison. Comme ça. »

Récemment, elle a appris qu'Enzo avait retrouvé une copine. Elle a cherché partout son numéro de téléphone, pour la prévenir. « Elle m'a rassurée. Elle m'a dit qu'elle a tout de suite mis des barrières quand il avait voulu la fliquer. Il l'a insultée, mais ce n'est arrivé qu'une seule fois… Après, j'ai tout à fait conscience qu'à sa place j'aurais tout nié en bloc. Si j'apprends plus tard qu'il la frappait elle aussi, je serai dévastée. »

Nous sommes arrivés au pied de son immeuble. Il se met à tomber des cordes. Elle disparaît derrière la porte et je remonte sur mon vélo. Je suis seul dans Paris, trempé, à pédaler le long des vitrines de Noël.

trois.

Je n'avais pas accès aux hommes. J'en avais rencontré douze, mais ce que je savais de la violence ne pouvait s'en tenir aux histoires de ces douze-là. J'ai rappelé Laurence, l'animatrice du groupe de parole. Après plusieurs constats d'échec, elle avait changé de méthode : « Les papys qui vivent seuls depuis que leur femme s'est tirée ont très peu de risques de récidiver. Et puis, changer un homme de 75 ans est beaucoup plus difficile qu'influer sur le mode de pensée d'un gamin de 20 ans. Donc maintenant, on cible les récidivants et ceux qui ont de jeunes enfants. »

J'avais envie d'aller plus loin, alors je me suis rendu à Caen et j'ai intégré un nouveau groupe d'hommes condamnés pour violences.

Les réunions se tiennent au sous-sol de la caisse d'allocations familiales. Un baby-foot trône dans l'entrée. Des dessins d'enfants recouvrent les murs. «Je venais avec ma mère quand j'étais petit, dit un participant. Pour toucher les allocs.» Un tableau, des chaises en fer et des tables en Formica, la salle a tout d'une classe des années 1950. Les animateurs, Nathalie Perrin-Gérard, victimologue d'allure plutôt coquette, et Michel Suard, psychologue et thérapeute familial arborant une barbe de druide gaulois, lancent le tour de table.

«Alors moi je m'appelle Jacky, j'ai 63 ans.

– Vous avez des soins ? demande Nathalie.

– Oh, je fais un peu de cholestérol.

– Non, est-ce que vous avez des obligations de soins ?

– Ah, oui, l'alcool. Par contre, je vous ferai voir les photos de mes bleus. La police est venue chez moi, ils m'ont plaqué au sol, passé les menottes et tout.

– On verra ça plus tard, balaye l'animatrice. Vous en avez parlé autour de vous, de votre condamnation ?»

Il fait non de la tête.

«Ni mes enfants, ni mes frères, ni mes sœurs. Personne. Ils ont pas à savoir. C'est la vie privée.»

À côté, Mathieu, en denim brut de la tête aux pieds.

«Je suis agent hospitalier, je vis seul. J'ai trois enfants, le plus grand habite en Finlande, il a 23 ans, le deuxième 13 et le petit, 11.

– Pourquoi êtes-vous ici ? interroge Nathalie.

– Je suis ici parce que j'ai mis des claques à ma femme. Je l'ai vue embrasser un homme devant moi.

Avant elle, la mère de mes enfants me trompait aussi, avec le maire. Elle est employée de mairie.

– Quel maire ? demande le mec assis à ma gauche (j'apprendrai plus tard qu'il s'appelle Anthony). Ça se trouve, c'est mon maire. Au cas où faut te venger. »

Mathieu esquisse un sourire.

« Vous avez parlé d'emprise, lui rappelle Nathalie.

– Oui, j'étais trop gentil. J'ai vécu un an d'abstinence totale avec elle. Elle en profitait. »

C'est au tour d'Emmanuel, 35 ans. Avant qu'il prenne place ici, dans son jogging aux couleurs du PSG, le cas d'Emmanuel a été longuement discuté. Pour le présenter à la commission de sélection, son conseiller avait lu un extrait de l'expertise médicale : « Monsieur fait état d'une personnalité immature, avec des traits psychopathiques et une dépendance à l'alcool. » « Je sors de vingt-trois mois ferme, dit Emmanuel. C'est tout frais, la liberté. Parce qu'en 2014 j'ai cramé la voiture de mon ex, celle de ses parents et leur habitation. J'ai pris dix-huit mois. Et je suis rancunier. C'est par vengeance que j'ai fait ça. Au total, ça fait quatre condamnations, pour stups en 2010, et puis en 2012, 2014, 2018. »

Emmanuel est couvreur, il a posé la semaine pour venir ici. Son ex était enceinte quand il l'a frappée. Elle ne lui a jamais présenté leur fils, qui a maintenant 2 ans.

« Qu'est-ce qui vous a plu chez elle ? demande Nathalie.

– Je peux pas vous sortir ses qualités. Y a trop de haine. Je peux pas dire qu'elle était belle, travailleuse et tout. Je peux juste dire "cassos, feignante". Si je pouvais me faire justice moi-même, je le ferais, mais là j'en suis à cinq détentions, j'ai donné. J'ai pas oublié ce qui m'a plu chez elle, mais je peux pas le dire.

– Vous avez des addictions ?

– Ça fait trois ans que je ne bois plus. Je vois un addictologue, un psy, tout va bien.

– Pourquoi avez-vous récidivé à chaque fois ?

– J'ai le sang chaud. Et l'alcool, ça aide pas. Surtout que moi, je bois jamais un verre. Si je bois un verre, je bois la bouteille. »

Le suivant s'appelle Jérôme. Il a 34 ans, c'est un passionné de stock-car, il passe la semaine à réparer les voitures qu'il explose sur circuit les week-ends. Les accidents ont eu raison de son dos, il ne peut plus travailler et attend la validation de son dossier d'allocation adulte handicapé.

« Pourquoi êtes-vous ici, Jérôme ? » demande Nathalie.

Il a le visage fatigué, la peau marquée par les traces d'acné. Je n'ai pas l'impression que Jérôme vive la meilleure journée de sa vie.

« Je lui ai mis une baffe.

– Vous aviez bu ? insiste-t-elle tout en connaissant la réponse.

– J’étais alcoolisé, oui. Les gendarmes sont venus m’attraper dans mon lit.

– Vous êtes encore avec votre femme ?

– Oui. Elle est infirmière.

– Quel âge ont vos enfants ?

– 13 et 10 ans.

– Et vous avez pris ?

– Six mois de sursis. »

Kévin, 26 ans, un pull à capuche sur un bas de survêtement, une gueule d’ange, un sourire d’acteur. Il a pris huit mois avec sursis, 5 000 euros d’amende et l’interdiction de porter une arme blanche ou un fusil.

« Ce que je ne comprends toujours pas, sachant que je ne l’ai pas agressée avec une arme blanche ou un fusil.

– Que s’est-il passé ?

– Je rentrais d’un match de foot. Elle est assez provocatrice, ma copine, donc on s’est embrouillés, je lui ai mis une droite dans l’épaule. Mais en fait, je comptais me barrer. La quitter.

– Pourquoi vous vouliez la quitter ?

– Je suis un gros bosseur, je travaille dans le bâtiment et j’aime pas les feignants. Elle a été élevée comme une princesse, elle a un poil comme ça dans la main. »

Il écarte les paumes pour qu’on se figure bien la taille du poil.

« Les femmes, elles sont vicieuses ! » lance mon voisin.

Nathalie intervient :

« Ça fait deux fois que je l'entends. Les femmes sont vicieuses, les femmes ci, les femmes ça… Si je raisonne de la même manière, je dis que les hommes sont violents, les hommes sont pédophiles, les hommes sont violeurs, puisque dans l'immense majorité les coupables sont des hommes. – Vous avez raison, madame », s'excuse mon voisin, puis Kévin, la gueule d'ange, reprend : « En fait, c'est la petite protégée de son père, et il me déteste. On en est carrément venus aux mains. »

On passe à Jordy, 22 ans. Son visage a conservé les traits de l'enfance, mais il ne peut cacher ni sa bedaine ni ses épaules d'ouvrier dans le bâtiment. Jordy construit des autoroutes. « C'était un samedi, on était en boîte avec ma copine… » Exténué par sa semaine de chantier, Jordy s'endormait sur son whisky-Coca. Il dit à sa copine : « Reste, amuse-toi, je viendrai te chercher à la fermeture. » Et à 6 heures, comme prévu, il est sur le parking, à souffler dans ses mains en attendant que le DJ pousse les fêtards vers la sortie. Quand il repère sa copine dans la foule, elle tient un mec par la main. Elle l'embrasse. Jordy ne bouge pas. Elle finit par remarquer sa voiture, se rue à l'intérieur et lui dit : « T'as bien fait d'y aller, la musique était pourrie. »

« Le lendemain, au moment d'aller bosser, je lui dis que je l'ai vue embrasser un mec. Elle chiale, je l'insulte, elle me présente ses excuses, elle était bourrée, ce mec, c'est personne, elle me dit…

– Vous la quittez ? demande Nathalie.

– Non. Mais un mois plus tard, je retape une autoroute près de Bordeaux, et avec l'équipe on finit avec un jour d'avance, donc je roule de nuit, sans m'arrêter jusqu'à Caen, et quand j'arrive chez moi, j'entends des bruits bizarres. Des bruits que vous avez pas envie d'entendre. J'entre dans la chambre et je trouve ma meuf en train de baiser dans mon lit avec le gars de la boîte. C'est monté d'un coup. J'ai explosé le mec, et je l'ai explosée elle aussi. Carrément des coups de poing.

– Respect, dit mon voisin.

– Ah non, ça je ne veux pas l'entendre, coupe Nathalie.

– J'ai été condamné à deux ans, dont treize mois de sursis. J'ai demandé le bracelet.

– T'as la Rolex ? lance mon voisin, hilare, exhibant celle qui lui enserre la cheville.

– Vous êtes en couple, Jordy ? interroge Nathalie.

– Eh bien, la seule chose dont j'étais capable après ça, c'est d'appeler ma meilleure amie pour lui raconter. On est partis en vacances tous les deux, et maintenant c'est ma meuf, elle est enceinte de six mois.

– Et votre ex ? »

Il hausse les épaules. « Elle a eu vingt jours d'ITT. »

Pour info, un nez cassé, c'est deux jours d'ITT. J'apprendrai plus tard que Jordy lui a brisé la mâchoire.

Au tour de mon voisin, le prolixe Anthony, venu avec son bracelet électronique, son blouson coqué et son casque de motard.

« J'ai été accusé de tromperie. Je lui ai mis une gifle. Puis une autre gifle plus forte qui l'a fait tomber à la renverse. Elle s'est fracassé le crâne sur la table basse. Éclaté la tête. Un bruit énorme. Le lendemain, quand je me suis réveillé, elle était partie dans un foyer pour femmes battues. Et la petite avec.

– Votre fille était présente ?

– Elle dormait… Et maintenant je dois 4 800 euros à la mère de mon fils aîné, parce que, en apprenant la nouvelle, elle a porté plainte pour violences conjugales elle aussi, comme quoi je lui aurais mis un coup de boule. Coup de boule imaginaire, qu'elle mérite pourtant ! Elle a eu soi-disant trente jours d'ITT psychologique. Et la deuxième, enfin celle qui a vraiment reçu des gifles, elle a eu huit jours d'ITT physique. »

Jordy intervient.

« Laisse tomber, au tribunal ils m'ont dit : "C'est inadmissible de frapper sa meuf." Mais le juge j'avais envie de lui dire : "Frérot, fais-toi tromper par ta copine et on en reparle." »

L'animatrice interpelle Jacky, très silencieux depuis qu'on l'a invité à se présenter.

« Pourquoi vous vous êtes disputés ?

– Elle voulait partir. Alors je l'ai rattrapée par la capuche et elle est tombée, elle s'est râpée, elle s'est fait mal au doigt.

– Pourquoi vous l'avez rattrapée par la capuche ?

– Elle était en train de partir. Elle avait pris sa brosse à dents, et tout.

– Elle a le droit de partir.

– Mais ça fait trente ans que je suis avec !

– Elle n'a pas le droit de partir, alors ?

– Non mais… elle avait peur que je la frappe.

– Donc vous avez fait ce qu'elle redoutait. Vous l'avez frappée. »

Un vrai silence accompagne cette phrase, puis Anthony dit : « Madame, je peux y aller ? C'est l'heure. Non parce qu'avec le bracelet… »

Le lendemain matin, on accueille deux petits nouveaux. Anthony est ravi, parmi eux il reconnaît son voisin. Il s'appelle Kévin lui aussi, il a 29 ans, il porte une chevalière et une barbe noire. On a du mal à saisir ce qu'il raconte parce qu'il garde la main devant sa bouche, mais après l'avoir fait répéter on comprend qu'il a pris six mois de sursis. L'autre a la cinquantaine, des cheveux gris gominés vers l'arrière, un Chino couleur pastel et une barbe taillée au sabot. Il s'appelle Titus. Il pianote sur son iPhone. Quelque chose dans sa façon de se mouvoir laisse penser à un petit patron.

« Je me bats pour récupérer la garde de mon gosse, dit-il en guise de présentation. Sa mère, l'autre, le cafard, je ne sais pas comment l'appeler, elle est complètement folle.

– Vous travaillez ? demande Nathalie.

– J'achète des maisons et je les revends. Je suis marchand de biens. À mon compte. »

Jordy interrompt les présentations pour rapporter la discussion qu'il a eue hier à table avec sa copine, à propos des femmes violées. Le couple a convenu, mutuellement, qu'elles n'avaient qu'à s'habiller autrement.

« Il faudrait partir du principe que les hommes ne peuvent pas se retenir ? interroge l'animatrice.

– Moi je risque de vous revoir, dit Kévin le beau gosse, et sûrement d'aller en prison, parce que le jour où ça arrive à ma fille, le mec je le retrouve et je le tue, c'est certain.

– L'agression extérieure vous est insupportable. Mais quand elle vient de l'intérieur, vous en l'occurrence, ça va. »

Les dix hommes méditent un instant sur cette vérité, puis Kévin raconte que, à force de pousser toujours un peu plus loin les disputes avec sa copine, ils ont fini par ne plus voir les limites.

« Elle avait passé toutes mes fringues par la fenêtre, et ma télé avec. Jamais vu une télé voler aussi bien.

– Faut être fêlé pour faire un truc pareil, dit Anthony. En même temps, j'ai remarqué que les meilleures nanas, celles qui font bien l'amour aux hommes, c'est toujours les plus fêlées.

– Vous n'arrêtez pas de parler de sexe, relève Nathalie. C'est une obsession.

– Oh, pas tant que ça, bredouille Anthony.

– Vous êtes jaloux ?

– Oui, je suis jaloux. On est jaloux de ceux qu'on aime. Voyez, un soir j'avais invité un copain à boire l'apéro, et au moment où je vais chercher une bière dans le frigo, il se penche à l'oreille de ma femme et lui dit : "Tu dois être bonne au plumard." Je lui ai défoncé la gueule. » Il se tourne vers le reste du groupe. « Vous auriez réagi comment, vous ?

– Pareil, répond Emmanuel. C'est un manque de respect.

– J'ai vécu un peu la même chose, se souvient Mathieu. On était à une crémaillère, et un mec bavait sur ma femme. Il lui disait : "Toi et moi on va dormir ensemble ce soir." Devant moi. Je lui ai jeté mon verre au visage.

– Ouais, voilà, dit Anthony. Ma femme, c'est ma femme, c'est pas celle des autres. »

Michel Suard, le psy, attend que le calme revienne pour dire, de sa voix grave d'octogénaire : « Je ne suis pas le gardien de ma femme. Si elle veut aller coucher ailleurs, c'est peut-être parce que je ne lui apporte pas ce dont elle a besoin. »

Il plane un silence intéressant. Il ajoute : « Si on n'a pas confiance en soi, on ne peut pas avoir confiance en l'autre. »

Kévin se lance, et nous raconte que son père a failli le tuer. Sa mère s'est interposée entre lui et la chaise qui allait lui exploser le crâne. Elle en a eu le dos brisé. Passé de foyer en foyer, il a senti une colère grandir en lui, jusqu'à le submerger. Ce jour-là, son père a traversé la baie vitrée. « J'ai eu une enfance horrible à cause de lui. Je jouais au foot, j'étais bon. Malherbe, Laval, des gros clubs me voulaient, mais j'ai pas su rester droit. J'ai tout gâché. À cause de ce que j'ai là-haut. » Il se tapote le front du bout de l'index.

« Et des fois, ça ressort. Ma compagne, elle m'a dit : "C'était pas toi, on aurait dit un démon."

– La violence fait partie de la condition humaine, lui répond le psy. On ne peut pas la supprimer, mais on peut la canaliser. La contrôler.

– Il y a beaucoup de choses qui se jouent dans l'éducation, ajoute sa collègue. L'enfant apprend avec ce qu'il voit. S'il n'y a pas de violence dans la famille, il a peu de chances d'attraper le virus. C'est un peu comme la grippe : si votre père tousse toute la journée, vous allez tomber malade. Le virus de la violence se développe chez l'enfant parce qu'on l'a conditionné à tolérer la violence. »

La violence comme une maladie. Je connais cette théorie. En 2014, alors que j'enquêtais sur les gangs dans les quartiers sud de Chicago, j'avais rencontré l'épidémiologiste Gary Slutkin. Chauve et souriant, placide comme le sont les médecins, il m'avait reçu dans son bureau haut perché dans les étages de l'hôpital universitaire, et m'avait raconté comment il en était venu à traiter la violence comme une épidémie. Il avait débuté sa carrière dans les années 1980 en combattant la propagation du choléra en Somalie, avant d'être embauché par une association spécialisée dans la lutte contre le sida en Ouganda. En 1994, après une décennie en Afrique centrale, il était rentré chez lui à Chicago, épuisé et déterminé à changer de voie, mais il lui était « impossible », il le dit comme cela, de ne pas voir la violence. La ville enregistrait alors plus de neuf cent trente meurtres par an. À chaque heure son blessé par balles. « Je n'ai pas compris tout de suite que ça relevait de l'infection. Je n'ai pas vu la contamination, comment la maladie se répandait à travers la ville », disait-il en désignant, punaisées à son mur, les cartes détaillant les « foyers » de meurtres dans les quartiers pauvres. « Il y a toujours un patient zéro. Il est primordial de l'identifier. »

Ça faisait deux semaines que je me baladais au sud de la 50e Rue, naviguant au milieu des ambulances et des sirènes de la police. Je voyais que les écoles fermaient, que les épiciers encaissaient les paquets de chips derrière une vitre en Plexiglas, que les centres commerciaux, les cinémas, les théâtres, les clubs de sport avaient migré chez les Blancs, dans ces quartiers pleins de Starbucks avec vue sur le lac Michigan. J'en étais venu à croire que si ces mômes, ceux qui habitaient le ghetto, s'armaient et s'entretuaient, c'était à cause de la pauvreté.

« C'est tentant comme logique, m'avait répondu Gary Slutkin. Mais je connais plein d'endroits marqués par une pauvreté extrême où il n'y a pas, ou très peu, de violence. Le Bangladesh, par exemple.

– D'où vient la maladie, alors ?

– Les enfants exposés à la violence, qui l'ont subie ou en ont été témoins, sont contaminés. La tuberculose, vous l'inhalez et elle attaque vos poumons. Le choléra, vous l'avalez et vos intestins font le reste. La violence pénètre votre cerveau une fois que vous y avez été exposé. Et ensuite vous copiez, parce que nous sommes des machines à copier. Enfant, adolescent, on suit les copains, les voisins, les influences.

– J'ai rencontré des enfants ici qui savent qu'il faut se réfugier dans la baignoire en cas de fusillade. Pourtant ils n'embrasseront pas tous une carrière de gangster.

– Pas tous, mais le risque qu'ils le deviennent est bien plus élevé que ceux qui n'auront été exposés qu'à la violence des séries télé.

– Et vous avez une solution ?

– Bloquer l'épidémie. Vous pouvez vous démener pour sortir un enfant de la merde, aucune étude scientifique ne prouve que ce que vous avez fait pour lui a une influence quelconque sur son environnement. Donc c'est sur l'environnement qu'il faut agir. Vous changez l'environnement, vous changez les gamins du quartier, parce qu'on ne grandit pas seul mais dans un bain d'influences. »

Gary Slutkin avait donc créé le programme Cure Violence, fondé sur une action médicale : lancer des « interrupteurs de violence » – sortes de globules blancs – dans les quartiers les plus infectés. Des types qui avaient été blessés par balles, incarcérés, qui avaient perdu des proches. Des types embauchés parce qu'ils étaient sortis de la drogue et respectés par la rue. Des types qui tenaient un discours radical : « Quitte le gang ou tu vas te faire descendre, parle avec ton ennemi, reprends le chemin de l'école, on va t'aider à trouver un métier. »

Les résultats ont été immédiats. Quatre-vingt-dix jours sans un coup de feu dans le quartier de Garfield Park. Puis deux morts, et plus rien pendant encore deux mois. En quelques années, la criminalité a chuté de 50 %. Depuis, Cure Violence s'est implanté à New York, Baltimore, Philadelphie, en Jamaïque, au Brésil, au Honduras, au Mexique, au Panama…

Que donnerait la méthode Slutkin, appliquée aux violences conjugales ? Changer les mentalités, l'« environnement », implique de changer le modèle auquel on s'identifie quand on est enfant. Pour moi – un mec hétéro qui a grandi dans les années 1990-2000, inondé d'influences et notamment celles du cinéma américain –, devenir un homme, ça signifiait embrasser les caractéristiques du héros masculin de l'époque, à savoir Bruce Willis : un type musclé, fort, taquin, macho, séducteur, capable de tuer pour venger sa meuf, qui ne pleure jamais et ne connaît pas la peur.

Ne sous-estimons pas la puissance de ce modèle. Je l'ai adopté avec joie, me coulant dans le moule du mieux que j'ai pu. Je n'ai rien subi. J'étais d'accord pour suivre l'exemple, pour emprunter avec la foule ce que j'estimais être la voie royale pour devenir un homme. Mais cette éducation pose problème. Non seulement elle réduit la « normalité » à l'hétérosexualité virile – pour le dire clairement, j'ai vite compris qu'il valait mieux ne pas être « pédé ». Ensuite, les personnages joués par Bruce Willis – cela vaut pour Brad Pitt, Johnny Depp, Tom Cruise, Sylvester Stallone… – ne sont jamais confrontés au conflit dans leur couple. Comment réagissent-ils quand ils apprennent que leur femme les trompe ? Est-ce qu'ils s'assoient autour d'une table et discutent de ce qui ne va pas, ou bien font-ils là encore parler les poings ? D'ailleurs, quand Johnny Depp a été inculpé pour violences conjugales, personne n'y a cru. Comment un homme aussi beau, aussi drôle, aussi sexy, pouvait-il frapper sa femme ?

À Caen, Nathalie note quelques chiffres au tableau : 58 % de la communication entre deux personnes passe par la gestuelle, 35 % par la voix, et seulement 7 % par les mots.

« Pourtant, pour régler un conflit, il faut mettre des mots.

– C'est vrai qu'un homme a plus de difficulté à parler de ses émotions, concède Kévin. Un homme, ça ne pleure pas. Un homme, ça n'a pas peur. »

Les autres acquiescent.

« Ça commence tôt, les stéréotypes, explique Nathalie. Dès la maternelle, on apprend aux petites filles à "aller le dire à la maîtresse" en cas de problème. Pas les petits garçons.

– Mon père, il me disait toujours : "Défends-toi", dit Anthony. Et à la maison le soir, je lui racontais : "Papa, j'ai mis un coup de poing à untel parce qu'il m'a fait ci ou ça", et il était content, il était fier de moi. »

L'anecdote a rappelé à Kévin son passage au tribunal.

« Je me sentais tellement mal. Je n'étais plus un homme. Ce que j'ai fait à ma femme, je sais que j'en parlerai à ma fille quand elle sera grande.

– Vous lui direz quoi ? demande Nathalie.

– Ton père a fait quelque chose d'interdit. Si ça t'arrive, il faut que tu en parles. Ne fais pas comme moi, petit, qui gardais tout et attendais que ça explose. »

Là-dessus, Nathalie et Michel éteignent les lumières, tirent les rideaux et passent le court métrage que les animatrices avaient projeté à Lyon. Je m'attendais à la même levée de boucliers mais Anthony saisit l'occasion pour raconter un père bagarreur, capable de lancer ses gosses à travers la pièce pour calmer une colère. Il avait 2 ans quand sa tête a rencontré le radiateur en fonte. Quand elle n'était pas internée en hôpital psychiatrique, sa mère traînait sa dépression de la chambre au canapé, shootée aux cachets.

« J'en ai eu marre parce qu'elle faisait violence sur nous, elle aussi. Donc la justice nous a rendus à notre père et c'était comme nous jeter dans la gueule du loup. Il nous tabassait tous les jours. C'est pour ça, la maltraitance des enfants, ça me révolte.

– Vous en avez parlé à quelqu'un ? demande Michel, le psychologue.

– Un psy, ouais. Mais les psys, c'est toujours pareil, merci, monsieur, à la semaine prochaine, c'est bon, j'en veux pas. » Il souffle. « Avec mon frère et ma sœur, on se tenait par les bras quand ça chauffait, on frissonnait. On se disait tout bas : “Chut, faut pas qu’il nous entende.” Et ça nous a marqués. On est tombés dans la drogue tous les trois, on a fait de la prison tous les trois. Ma sœur est dans les stups et mon frère, c’est le Gilet jaune qui a pris la plus grosse peine de France. Je m’en suis sorti aujourd’hui, mais bon… »

Mathieu veut prendre la parole, mais des larmes emplissent ses yeux. « Je savais que c’était pas bien ce qui se passait à la maison, bredouille-t-il, mais je me disais, je ne suis pas comme eux, je ne suis pas comme eux ; je me le répétais, voyez ? Sauf que c’est dans les cellules. Comment faire maintenant que je suis comme eux ? Comme mon père, comme ma mère. Je me sens coupable d’avoir répété ça. »

À la pause, Michel vient le trouver. « J’ai vu que ça vous a remué. » Mathieu hoche la tête sans parvenir à articuler, puis il sort fumer une clope devant les marches de la CAF où sa mère le traînait pour toucher le chèque des allocs, il y a trente ans de cela.

Au retour de pause, Nathalie concentre son attention sur Jérôme, le moins bavard de tous. Jérôme est persuadé que ses enfants vont bien, puisqu’ils « n’ont rien vu ».

« Vous êtes sûr ?

– Ils étaient dans leur chambre. Ils ont juste vu leur mère pleurer, après.

– Partez du principe qu’ils ont vu et qu’ils ont très bien compris ce qu’il s’est passé, dit Michel. Les enfants, ce n'est pas parce qu'ils se taisent qu'ils ne savent rien. C'est important de ne pas leur mentir. Parce qu'ils savent. Je l'ai souvent vu dans les cas d'inceste, le père a commis des actes sur la plus grande des sœurs, personne ne parle et pourtant les plus jeunes savent. Ils ont compris, et ils ont compris que c'était interdit d'en parler.

– Non mais pourquoi je parlerais de ça à mon gamin ? s'agace Jordy. Cette fille, c'est pas sa mère, je vais pas lui dire : "Écoute, y a une meuf que tu connais pas et que tu verras jamais, elle m'a trompé et je l'ai défoncée." »

Michel le regarde dans les yeux, avant d'articuler : « La violence est un signe de faiblesse. Vous l'avez utilisée pour reprendre le pouvoir. Parce que vous vous sentiez, à ce moment-là, en situation d'infériorité. » Il y a un blanc, bien sûr, le temps que chacun digère cette phrase. Puis Mathieu dit : « C'est vrai, pour la faiblesse. J'étais tellement mal en point. Cette frustration intense. J'ai tenté de me suicider. » Il prend le temps de choisir ses mots, on sent qu'il avance sur un fil.

« J'ai pris un couteau. J'en avais ras le bol. Ce qui m'a empêché, ce sont mes enfants. Je n'ai pas eu le droit de passer à l'acte pour mes enfants.

– Qui a pensé au suicide ? » demande Nathalie, comme elle pourrait demander : « Qui veut une glace ? »

Plusieurs mains se lèvent. Anthony, Emmanuel («deux fois»), Kévin aussi. L'autre Kévin, le retardataire qui parle dans sa barbe, dit que son meilleur ami s'est pendu hier. «À cause d'une nana.»

Nathalie les juge assez mûrs pour leur demander ce qu'ils ont ressenti quand les premiers coups sont partis.

«Ça m'a fait du bien, dit Anthony. J'entendais plus sa langue de vipère.

– Le calme, dit Emmanuel. Enfin, ça s'arrête.»

Jordy est très fier de rapporter qu'à l'audience, au juge qui voulait savoir s'il avait des regrets, il a répondu : «Pas envers une pute.» Ça plaît à Anthony, qui raconte qu'à son procès la juge avait présenté à la cour des photos du visage tuméfié de sa femme, lui demandant, selon lui, ce qui avait pu abîmer sa bouche à ce point. «C'est à force de sucer des bites.»

«Et vous Jordy, qu'avez-vous ressenti ?

– J'ai été délivré d'un poids.

– Et elle, à votre avis ?

– C'est quoi ces questions à la mords-moi-le-nœud ? Faudrait en plus que j'aie de la sympathie pour elle ?

– On dirait que t'es fier de ce que t'as fait !» intervient Emmanuel.

Déstabilisé, Jordy sourit, et soudain il arbore le visage d'un gamin pris en train de faire une bêtise. Il inquiète, Jordy, parce que, en effet, il est content de lui. Quand une heure plus tard, à la pause, Nathalie ouvre son dossier, je découvre une enfance placée de 2 à 17 ans, une rupture difficile avec la famille d'accueil, une première affaire de *revenge porn*, officiellement « diffusion d'images à caractère sexuel ». Elle soupire : « Les gens disent : "C'est bien, ces stages, les mecs se soignent." Mais on n'a que trois jours. C'est pas suffisant. On ne peut pas faire de miracles. Là, ce que je vois, ce sont des récidivistes en puissance. »

Avant de les quitter, je me permets de leur poser une dernière question. Je veux savoir s'ils ont peur de rechuter.

« Très peur, répond Mathieu. C'est pour ça que le couple ne m'intéresse plus. »

Titus, Kévin, Emmanuel acquiescent en silence. Jordy, lui, dit qu'il est serein.

« Parce que ma meuf, elle est clean. Donc ça n'arrivera plus.

– Et si elle te trompe ? » je demande, oubliant le vouvoiement.

Il fait non de la tête, mais son silence prouve qu'il n'y avait pas pensé. « C'était la faute de cette fille-là », finit-il par articuler. Je ne le lui souhaite pas, mais s'il rentre un soir et qu'il trouve sa nouvelle compagne au lit avec un autre, ou simplement si elle lui dit : « Jordy, j'ai rencontré quelqu'un », comment réagira-t-il, lui qui continue de penser qu'en fracassant sa meuf il a bien agi ?

quatre.

Depuis que cette enquête a débuté, plusieurs personnes m'ont demandé : « Tu y crois vraiment ? Tu penses qu'on peut changer un mec violent ? » Je réponds à chaque fois que je n'en sais rien, et c'est vrai, je n'en sais rien. Chaque semaine apporte son lot d'histoires désolantes, mais de temps en temps, un mec croisé par hasard redonne un peu d'espoir. Romain habite un village à la campagne, au fin fond de l'Isère. Il a 36 ans, il en avait 34 au moment des faits, et il est le premier à prononcer les mots que j'étais venu entendre. « On peut appeler les choses par leur nom : j'ai battu ma femme. » Il commence par dire qu'il n'a pas le profil du type violent, avant de se reprendre : « Je suis désolé, j'atteins le point Godwin d'emblée dans cette discussion, mais le nazisme, on a dit que c'était des monstres pour le justifier, et puis Hannah Arendt est arrivée, donc bon, maintenant on sait que le type violent, c'est n'importe qui. » Dans son livre *Eichmann à Jérusalem*, la philosophe théorise la banalité du mal : l'idée que celui-ci ne réside pas dans l'extraordinaire, mais dans la décevante médiocrité de l'être humain.

« C'est arrivé une fois. Ça ne s'est pas reproduit mais ça a été très violent. J'avais bu, j'avais fumé. Je peux difficilement vous raconter la scène parce que le cerveau s'autocensure, pour se protéger. » Je lui demande quel a été l'élément déclencheur – à l'époque j'étais encore bêtement à la recherche du « truc » qui transformerait les types inoffensifs en dangers publics, comme s'il suffisait de presser un interrupteur. Il est évident que c'était une connerie : la violence n'est pas comme la force d'Astérix, elle s'est emparée de Romain sans qu'il ait à tremper ses lèvres dans la potion magique.

« La petite graine de la violence, elle pousse, elle pousse, et je pense que cette graine est en moi depuis longtemps, elle fait partie de mon bagage nucléaire, de ce que m'ont transmis mes parents, de ce que j'ai vu dans ma vie d'enfant. Mon couple n'allait pas plus mal qu'un autre. La façon dont vous gérez la tension dépend des armes que vous tirez de votre éducation. Que ce soit le manque d'argent, la tromperie, la jalousie, peu importe au fond puisque ces problèmes touchent tous les couples. La violence surgit comme un instinct animal, et vous murmure à l'oreille : "C'est la faute de l'autre." »

Romain accepte de me parler parce qu'il a engagé un « travail » pour comprendre ce qui lui est arrivé. Sa femme, Alexandra, ne l'a pas quitté.

« Que lui avez-vous fait ?

– Je l'ai frappée deux fois et l'ai poussée violemment contre le canapé. Quand on est l'agresseur, la violence disparaît aussi rapidement qu'elle est arrivée. Mais pour elle ça a sûrement duré une éternité. Elle s'est retrouvée au milieu d'un combat de boxe, sans règles. Elle a dû profiter d'un moment où je ne faisais plus attention pour s'isoler et appeler la police. Qui a répondu, fort heureusement, et qui est venue. »

Romain se rappelle vaguement les avoir vus débarquer. Ils s'y sont mis à trois pour lui passer les menottes. Il s'est débattu. Ils l'ont plaqué au sol, et une fois qu'il a été certain que le prochain endroit où il mettrait les pieds serait une cellule de dégrisement, il a demandé, en disant *s'il vous plaît*, s'il pouvait prendre au moins une ceinture et une paire de chaussures. Les flics ont refusé, et c'est tout, il ne se souvient plus de rien. Sur l'image d'après, il se revoit pieds nus, en cage, avec un pantalon sur les reins. Il ignore ce qu'il a fait, il ne s'en souvient pas, mais il sait qu'il a fait quelque chose de grave parce qu'il lui est impossible d'ignorer la culpabilité qui monte en lui.

« Je me sentais comme une merde, il faut le dire, mais ça va vous paraître bizarre, j'ai été choqué de la bienveillance des policiers. Ils ont été adorables. Pas que des hommes, hein, des femmes aussi. Ils ne m'ont pas jugé. Ils m'ont donné une brique de jus de fruits, un biscuit… Ils ne m'ont pas fait ressentir que j'avais fait quelque chose de grave. »

L'officier qui prend sa déposition lui confie d'emblée qu'il vient de divorcer et qu'il comprend son calvaire ; il sait ce que c'est, les femmes qui portent plainte. Romain n'est pas mis en examen. Le substitut du procureur se contente de lui demander ce qu'il compte faire, à présent. « Il va falloir que je me soigne, répond Romain, que je voie des professionnels. » En face, le magistrat hoche la tête, satisfait. « Il faudra que je vous montre des preuves ? » Réponse : « Non, non, c'est bon, faites ce qu'il faut. Allez, au revoir. »

« Je peux vous le dire en tant qu'agresseur, le système en France pour protéger les femmes, c'est zéro. Je vous jure. Personne ne m'a dit : "Qu'est-ce qu'il s'est passé pour que ça dégénère ?" Non, c'était limite de sa faute, à ma femme. Je vous dis ça avec un peu de recul parce qu'on a comparé nos dépositions. On a eu le même policier. À elle, il lui a dit : "Mais vous avez fait quoi pour l'énerver ? Parce qu'on ne s'énerve pas comme ça, madame. Les gens ne deviennent pas violents sans raison."

– Elle était blessée quand elle est venue déposer ?

– Elle avait un hématome à la tête, oui.

– Que s'est-il passé après votre déposition ?

– Je n'étais plus bourré, donc on m'a libéré. C'est mon beau-frère, Clément, qui est venu me chercher avec une paire de chaussures. Mon épouse était chez des amis. On est restés séparés dix jours, le temps d'assumer ce que j'avais fait.

– Vous en avez parlé autour de vous ?

– À des amis, oui. Pas à mes parents. Mon père ne serait pas en mesure de dire quelque chose d'intelligent. Je le vois comme ce flic qui me demandait : "Mais qu'est-ce qu'elle a fait ?" Ou qui me disait : "Si t'es malheureux, quitte-la", ce genre de phrase que j'ai pas envie d'entendre parce qu'elle ne fait pas avancer le schmilblick. Et ma mère, quoi que je dise, elle sera d'accord.

– Vous avez l'air d'en vouloir à vos parents.

– Ma violence, elle vient de mon père. J'ai un père très viriliste, Italien de surcroît, et ça peut paraître cliché mais ça a son importance, la façon dont on élève les hommes en Italie. C'est le seul maître à bord. Le simple fait de travailler et ramener de l'argent lui laisse tout pouvoir sur la famille, même s'il n'est jamais là pour savoir ce qu'il s'y passe.

– Votre mère ne travaille pas ?

– Elle a cessé de travailler à la demande de mon père, pour s'occuper de l'éducation des enfants. Avant elle était secrétaire dans une entreprise de béton, c'est comme ça qu'ils se sont rencontrés. Elle a repris un boulot après son divorce, en tant qu'aide à la personne.

– Votre père la frappait ?

– Il frappait tout le monde. Dès qu'il n'avait plus d'argument pour imposer sa loi, il l'imposait physiquement. Ma plus grande sœur s'est fait traîner sur le sol. Elle a pris des coups de pied dans les côtes. Moi il m'a attrapé par les cheveux et m'a explosé contre une vitre de la voiture. Des gifles à faire des tours sur moi-même. Et plein de petites violences au quotidien. Son grand truc, c'était de répéter que ma sœur allait devenir prostituée, que l'autre serait caissière et moi éboueur. Ma mère ne disait rien.

– Comment a-t-elle réussi à le quitter ?

– Elle a fait énormément de concessions pour qu'il la laisse partir. Non seulement il a obtenu ma garde – j'étais le dernier à être encore mineur –, mais il a en plus touché l'héritage de sa mère à elle. Maman avait cessé de se battre, elle disait oui à tout pourvu qu'il disparaisse. »

Romain a 15 ans quand il se retrouve à vivre seul dans un trois-pièces avec son père. Il redouble sa seconde, fume trop de shit, et surtout il découvre que la frustration et la colère ont enfanté un poison violent. Il se tape la tête contre les murs, se scarifie, se brûle la peau à la cigarette. Son père le fout dehors le jour de ses 18 ans. S'il veut continuer d'habiter sous son toit, le « bon à rien » n'a qu'à payer sa part du loyer. Romain s'ouvre les veines et finit aux urgences. « J'avais pas de travail et de la bouillie dans le cerveau, j'étais enfermé dans un mécanisme dont la conclusion était : à quoi bon continuer ? Cela m'a semblé être l'option la plus raisonnable, la plus intelligente, le repos définitif. » Sa violence n'a encore jamais été dirigée vers un autre que lui, mais alors que son père tente de le punir à nouveau, Romain réalise qu'il n'est plus un enfant.

« J'ai pris facilement le dessus. Je lui ai fait une clé d'étranglement et l'ai plaqué contre mon lit. Je hurlais : "Maintenant tu arrêtes et tu t'excuses." Il pleurait. J'ai compris à cet instant que j'avais un problème. Je ne culpabilisais pas. J'étais content de moi.

– Vous le voyez encore, votre père ?

– Oui… C'est étrange, hein ? Dans sa tête, il ne nous a jamais frappés. Pourtant ça reste mon père, et le jour de sa mort, j'ai envie d'être présent, de faire ma part, de pleurer avec ceux qui l'ont connu.

– Vous avez peur de lui ressembler ?

– C'est la première pensée que j'ai eue en garde à vue. Maintenant quand je m'énerve, c'est comme dans un film, je me vois dans l'action, je vois mes muscles tendus, je vois la tronche que je suis en train de tirer, et je me dis merde, j'ai déjà vu ça et c'est pas bon, pas bon du tout. Je m'arrête, je respire. Surtout, ne pas se laisser envahir. »

Il s'interrompt un instant, comme s'il tenait à préciser quelque chose d'important. « Mes sœurs ont été confrontées à la violence, elles aussi. Dorothée, pour avoir subi une relation toxique avec le père de son enfant. Elle a accouché seule, ma sœur, c'est moi qui l'ai accompagnée à l'échographie, à la maternité… Quant à Clotilde, elle m'a raconté que, en attrapant sa fille pour la gronder, elle lui a carrément déboîté l'épaule. Elle l'a emmenée à l'hôpital et dans les jours qui ont suivi elle a pris rendez-vous chez un psy. Elle m'a dit : "Romain, ce que tu as, on l'a tous." »

On a discuté pendant des heures, et au moment de se séparer, je lui ai demandé s'il pouvait me mettre en contact avec sa femme. Alexandra a hésité. « Je ne sais pas si je suis psychologiquement capable de vous rencontrer. » Pour se définir, elle emploie l'adjectif « fragile ». Elle a finalement accepté, et j'ai découvert que ce n'était pas « arrivé qu'une seule fois », comme Romain le prétendait. Elle avait déjà appelé une amie pour qu'elle vienne la chercher en pleine nuit.

« Cette situation bizarre, moi travaillant dans le social, obligée d'appeler à l'aide, je l'avais déjà vécue. La dernière fois, j'avais compris qu'il allait devenir extrêmement violent, donc je suis restée près du téléphone.

– Pourquoi avoir attendu qu'il explose ?

– J'hésitais. Comment fuir, sachant qu'on est loin de tout, à la campagne, et que je n'ai pas le permis ? Je suis restée en espérant désamorcer la bombe.

– Vous vous souvenez de ce qu'il s'est passé ?

– Je me souviens de tout, malheureusement. Il avait bu, il avait fumé. Il faisait l'aller-retour entre le salon et la cuisine en me hurlant dessus. On avait d'énormes problèmes d'argent. Il venait de contracter un emprunt sans m'en parler, sans savoir si on pouvait rembourser, et quand j'ai demandé s'il était sérieux, il m'a attrapée par la nuque et m'a projetée tête la première contre un meuble. Je me suis pris l'angle dans la tempe. Puis il m'a jetée sur le canapé et m'a rouée de coups. Une fois au sol, j'ai réussi à atteindre le téléphone et appeler les flics. Une femme a décroché.

– Romain, il était où ?

– Face à moi, il me regardait appeler. Il m'a mis une baffe et m'a dit : "Tu l'as bien cherchée." Et je me suis enfuie. Il avait explosé mon portable à coups de pied, j'avais plus moyen de joindre qui que ce soit. Je me suis retrouvée en pyjama dans le froid à attendre la police. Une voiture est arrivée, avec une femme et trois mecs énormes, des armes à la main. J'ai horreur des armes. Sachant mon mari incontrôlable à l'intérieur, j'ai eu peur qu'ils le tuent, je leur ai dit : "Je sais que vous n'êtes pas formés à ce genre de situation." La femme a ricané. Ensuite les pompiers sont arrivés. »

Conduite aux urgences, Alexandra attend quatre heures avant de recevoir un Doliprane, pour ses hématomes. Quand elle demande à voir un psy, on lui répond que c'est impossible, le service d'urgence psychologique a déménagé à plus d'une heure de route. Une femme finit par l'ausculter, et la prie de rentrer chez elle.

« Je n'avais pas d'affaires, pas de téléphone, pas un euro pour payer le taxi, je ne pouvais pas retourner chez moi en chaussons à travers la brume. Heureusement un infirmier qui terminait son service a proposé de me raccompagner. Une fois chez moi, j'ai cherché partout le numéro de mon beau-frère pour qu'il aille chercher Romain au commissariat, qu'il ne soit pas seul. Il était 3 heures du matin. Clément m'a conseillé de ranger la maison, de faire des trucs, il m'a dit de ne pas dormir, il ne faut pas dormir après un trauma, donc je n'ai pas dormi et le lendemain matin je suis allée déposer plainte.

– Vous avez été bien reçue ?

– Je me suis d'abord fait engueuler parce que je m'étais trompée de commissariat. Puis l'officier m'a reçue dans son bureau. Il était très agressif. Il répétait : "Qu'est-ce que vous avez fait ?" Je pensais qu'il voulait dire : "Que s'est-il passé ?" Mais non, il continuait : "Qu'est-ce que vous avez fait, *vous* ?" Il disait que ça le soûlait d'avoir à gérer cette affaire parce qu'on était dimanche et qu'il aurait voulu profiter de sa matinée, qu'il était pas à ma disposition, que Romain avait porté plainte aussi et qu'il avait bien raison de se défendre parce que ça commençait à bien faire, les femmes comme moi.

– Vous avez répondu quoi ?
– J'étais déboussolée. Il m'interrompait, il me parlait de son divorce à lui, il disait que son ex était une connasse, vénale, qu'on était toutes comme ça. Un jeune flic en plus, il avait la trentaine. »

Alexandra voit sa psy chaque semaine, mais ne se sent pas capable d'en parler à son entourage. « À ma mère, il y a longtemps j'avais dit : "Romain, des fois, il est violent." Elle m'avait répondu : "Bah oui, mais il faut que tu perdes du poids. Faut que tu l'attendes le soir dans une jolie tenue." » Alexandra chiffre à cinq ou six les épisodes de violence, avant le « gros », celui où elle a eu peur de mourir.

« Romain avait l'impression de tout assumer. Pour les dépenses, on a un système à la proportionnelle, à cause de l'écart de salaire, mais il a besoin de se sentir responsable. Une responsabilité virile. Et quand il est alcoolisé, c'est le patriarcat qui parle.
– Il ne m'a pas parlé de ça.
– Il a eu des black-out à chaque fois, mais il y avait des preuves de sa colère. Une vieille porte qu'il avait détruite, un insert en verre, une fenêtre qui lui a ouvert le bras – le muscle était à vif, il s'était fait recoudre aux urgences. Il a explosé son ordinateur portable, qui était pourtant vachement bien. Une table en verre à laquelle je tenais beaucoup, aussi, une pièce unique. Et tout ça en me regardant, en me disant : "C'est ce que j'ai envie de te faire."

– Vous réagissiez comment ?

– Je me barrais au milieu de la nuit ou je m'enfermais dans une pièce. Quand j'en sortais, il dormait. C'était souvent au petit matin.

– Vous en parliez, le lendemain ?

– On a pris une conseillère conjugale. C'était énorme pour notre budget, mais on savait que c'était nécessaire. Pendant un an, ça a été plus sain, et puis ça a recommencé. »

Alexandra trie ses souvenirs en essayant de trouver une logique à ce qu'elle vient d'énumérer, et sans que rien dans la discussion ne l'ait laissé présager, elle m'explique qu'elle a été victime de pédophilie, et qu'avant Romain elle ne connaissait pas le consentement.

« Je n'ai vécu qu'avec des hommes violents sexuellement. Des hommes qui s'en foutaient que je pleure pendant l'acte. Romain est le premier à m'avoir dit : "C'est pas normal, il faut que tu apprennes à dire non."

– Pourquoi vous me racontez ça ?

– Parce que le fait d'être un enfant, ou une femme, vous expose à des hommes qui vont vouloir vous dominer, vous faire du mal. Le fait d'avoir vécu une agression, d'avoir appris à se taire, à laisser faire, à vivre avec, vous conduit à moins de méfiance. Je pense que les hommes violents repèrent ça. »

Alexandra a été violée pendant un mois par un adulte quand elle avait 12 ans. Elle n'a pas été reconnue en tant que victime. Elle a fait des tentatives de suicide. « J'ai été confrontée à des gens qui m'ont dit que j'avais beaucoup de poitrine pour mon âge, que c'était pas étonnant. On me reprochait d'être en colère. À chaque fois, j'avais l'impression qu'on rajoutait un clou à mon cercueil. » Alexandra a tenu à porter plainte contre Romain. Cela n'a pas eu d'effet. Personne ne l'a recontactée. « Personne ne s'inquiétait de savoir si j'étais en sécurité. Ça m'a terrorisée. »

Je finis par lui demander pourquoi elle vit toujours avec Romain. Elle prend le temps de réfléchir.

« Je me suis posé la question : est-ce que j'ai envie de refaire ma vie toute seule ? Oui. Après tout, pourquoi ne pas laisser tout ça derrière moi ? J'ai appris le consentement avec lui, c'est déjà pas mal. Je trouverai d'autres amis. J'ai regardé des appartements, des annonces pour des boulots… et puis je me suis demandé si j'avais encore envie de vivre des choses avec Romain. On a beaucoup échangé par texto quand il était chez Clément. Mon beau-frère n'était pas d'accord, il disait qu'on était dangereux l'un pour l'autre. Mais on voulait se donner encore une chance.

– Vous pensez qu'il ne recommencera plus ?

– Quand je suis revenue, j'étais certaine que s'il recommençait, j'allais y passer. Cette peur a mis des mois à s'apaiser. Aujourd'hui quand on s'engueule, je dis : “Stop, tu me fais peur.” C'est une sorte de mot-clé, un signal : on arrête tout. »

Alexandra sait sa carapace fragile. Être enfermée chez elle à double tour n'éloigne pas le sentiment d'insécurité ; ce qui l'angoisse, ce n'est pas l'idée qu'un inconnu entre dans l'appartement mais l'impression d'être une sous-citoyenne, et que ça peut tomber de n'importe où. La nomination d'un ministre de l'Intérieur accusé de viol l'a rendue malade, littéralement.

« Que faire pour que les hommes cessent de frapper ? je demande.

– Éduquer les enfants. Récemment j'ai entendu le CPE du collège dans lequel je travaille qui se plaignait : "Oh, mais s'il faut renvoyer tous les élèves qui étranglent leur copine, on n'aura plus un seul garçon dans l'établissement." C'est inacceptable. J'aimerais utiliser les heures de colle pour créer un espace de réflexion sur le respect de l'autre, l'égalité dans le couple, mais quand je dis ça, mes supérieurs lèvent les yeux au ciel : "Non mais, et puis quoi encore ? On n'a pas que ça à faire." »

Dans cette histoire, Clément, le beau-frère, joue un rôle central. C'est lui qui est resté au téléphone toute la nuit avec Alexandra en lui ordonnant de ne pas dormir. Lui aussi qui, le lendemain, est allé chercher Romain en sortie de garde à vue avec une ceinture et une paire de chaussures. Il n'y a pas de hasard : Clément est psychologue, il soigne des hommes violents.

Le 8 mars 2021, journée internationale des droits des femmes, *Libération* publie la lettre d'un jeune homme qui avoue avoir violé sa petite amie. Il s'appelle Samuel. Il a 20 ans. Il est étudiant.

> J'ai perdu le contrôle. Pourtant calme de nature, j'ai senti une cascade de rage se déverser en moi. De plus en plus de violence. De plus en plus d'intensité. De moins en moins de considération de l'autre. Je n'ai rapidement plus existé que par les émotions extrêmes et rares que j'éprouvais. Elle, comme morte, s'effaçait lentement dans mon regard devenu primal et animal. J'ai violé.

Il avoue. Il sait qu'il risque vingt ans de réclusion en cas de poursuites, mais il avoue. C'est assez rare pour faire de sa lettre un document, mais le plus intéressant arrive quand Samuel – qui a de toute évidence les mots et le bagage culturel – s'interroge sur sa violence.

> Elle a une source. Elle s'explique en partie par mon histoire, mais aussi par mon éducation et par la société dans laquelle j'ai grandi. Le façonnage d'un homme est partout puisqu'il est la norme. J'ai appris à privilégier mon plaisir aux dépens de celui des autres, à être habitué à des positions de pouvoir, à brider mes émotions, à masquer mes faiblesses et mes difficultés… Comment ai-je pu me construire un récit dans lequel il semblait cohérent que ce viol n'en était pas un ?

Libé a été attaqué pour avoir publié cette lettre. « C'est à hurler ! » ; « Ce journal a un sérieux problème ! » ; « La honte ! » Pendant deux jours, la machine à laver l'actu a tourné en cycles courts, on n'a parlé que de ça. Puis une autre polémique est arrivée et on a vite oublié Samuel et sa confession gênante. C'est dommage. « Je vais me soigner », promettait-il. Peut-être que c'était du pipeau, peut-être avait-il écrit cette lettre pour se regarder dans une glace, peut-être que raconter l'histoire, c'était sa façon de garder le pouvoir. Mais il n'est pas impossible, non plus, que Samuel ait vraiment compris quelque chose.

« Les auteurs de violence, ça met mal à l'aise », explique Clément, le beau-frère de Romain, en se servant un café. « La victime, tu as envie de l'aider, mais les auteurs, c'est différent, on est très gênés. » Il porte un pull en maille violet, une barbe de cinq jours, et sourit en m'invitant à le suivre dans son bureau dénué de la moindre décoration, pour la bonne raison que ce n'est pas son bureau mais celui de tous les psys qui y reçoivent des justiciables. Nous sommes à Grenoble, dans les locaux de l'association Passible. En plus des patients qu'il accueille ici chaque semaine, Clément tient une permanence téléphonique pour la FNACAV, la Fédération nationale des associations et des centres de prise en charge d'auteurs de violences conjugales et familiales. Si vous sentez que vous êtes sur le point d'exploser, ou si vous êtes passé à l'acte et que cela vous effraie, vous pouvez composer le 08 019 019 11, et tomber sur Clément.

« Ce sont souvent des appels de proches, mais j'ai aussi pas mal d'auteurs qui culpabilisent. Parfois, la victime appelle, pour voir, avant de nous passer son mari.

– Qu'est-ce que vous leur dites ?

– Je prends les choses à l'anglo-saxonne : c'est un risque pour votre santé. La femme qui m'appelle pour savoir ce qui va lui arriver, je lui dis : "Si vous demandez à votre mari, il jurera que c'est bon, c'est fini, mais rien ne prouve qu'il ne recommencera pas." »

Son patient est arrivé, on l'entend dans le couloir. En attendant que Clément en termine avec ses consultations, je passe au tribunal. Il s'en juge tous les jours, des affaires de violences conjugales. Ce matin, c'est un jeune né en 1995, M. Paret, boudiné dans son maillot de gardien de l'Olympique de Marseille, qui comparaît pour « violences habituelles et ITT de cinq jours sur la personne d'Alysson, liée par un PACS ».

« Acceptez-vous d'être jugé aujourd'hui ? » demande la magistrate, comme c'est la coutume en matière de comparution immédiate. Le prévenu acquiesce et la laisse donner lecture à la cour du résumé des faits : « Le 27 juin, la police se déplace au domicile de madame, réfugiée chez sa voisine. Monsieur, vous auriez cassé le rétroviseur de sa voiture et fissuré le pare-brise, avant d'exhiber un couteau, et alors qu'elle sentait le tranchant contre son ventre, vous lui auriez dit : "Je vais te tuer." Vous aviez l'habitude de demander à votre grand-mère de vous prêter de l'argent pour vous procurer du cannabis, et son refus ce jour-là vous aurait énervé. » La juge lève le nez de ses papiers pour vérifier l'attitude du prévenu, stoïque derrière la vitre de son box.

« Je souhaite dire que je reconnais les faits, intervient le jeune homme. Mais il n'y avait pas que l'argent. Notre couple aussi, ça n'allait plus.

– Madame dit en effet que les violences ne datent pas d'hier. Elle évoque trois moments où elle aurait reçu des gifles, des coups de poing, et même une fois où vous lui auriez écrasé la tête avec votre pied.

– Non, non, non… » marmonne-t-il.

Sa conjointe, Alysson, l'a quitté des dizaines de fois. La dernière rupture s'est terminée aux urgences, M. Paret lui ayant ouvert le bras à deux endroits avec des tessons d'assiette. Cinq jours d'ITT.

« Pourquoi cette violence ? demande la juge.

– Que ce soit fini entre nous, j'ai pas supporté. On a un enfant ensemble, quand même.

– À l'époque, il y avait une ordonnance de protection. Vous n'aviez pas le droit de l'approcher.

– On en avait discuté, on avait dit qu'il fallait rebondir. »

La juge soupire dans son micro.

« Bien, venons-en aux derniers faits. Madame explique que vous vous êtes à nouveau remis ensemble, que ça a été bien pendant deux mois et les violences ont recommencé. Des coups portés à son encontre avec la mallette de jeux de votre enfant. Des photos prises par les policiers montrent des hématomes sur les bras et les jambes.

– C'est à cause de l'argent.

– Vous touchez le RSA. Madame dit que vous ne participez pas aux besoins du foyer. Pourquoi vous ne travaillez pas ?

– J'étais recherché. J'avais peur que la police me retrouve par le biais du travail.

– Vous pensiez qu'elle n'allait pas vous trouver chez madame, la police ? »

La victime est appelée à témoigner. Une jeune femme se lève du premier rang et s'avance à la barre. Un tic nerveux lui agite les mains.

« Je tiens à préciser que, malgré les conflits, l'amour était là, bredouille-t-elle. Je sais que ce n'est pas quelqu'un de méchant. Il n'avait pas à lever la main sur moi, mais ça me fait de la peine pour mon fils qui réclame son papa. Il n'a que 2 ans et demi. Je ne sais pas quoi lui dire.

– Vous reconnaissez que vous avez trop souvent ouvert votre porte ? demande la juge.

– Je suis consciente qu'il y a beaucoup de plaintes. On voulait à chaque fois se donner une nouvelle chance. On est ensemble depuis 2016. Je sais que l'amour est toujours là. J'attends beaucoup de lui. Je ne l'ai peut-être pas assez aidé.

– Parce qu'il a besoin d'aide ? Il n'est pas assez grand ? »

Flairant la question piège, la jeune femme garde le silence. La juge se tourne vers le prévenu.

« Monsieur Paret, vous avez onze mentions au casier judiciaire. Des travaux d'intérêt général, deux mois ferme, un vol avec violences, un an dont six mois ferme, trois mois pour vol en récidive, délit de fuite, conduite sans permis, défaut d'assurance, port d'arme, violence avec arme sur le père du premier enfant de madame…

– J'ai voulu la protéger. Il s'en prenait à elle. »

La juge se tourne vers la plaignante, cramponnée à la barre comme une vieille dame à son déambulateur.

« Madame, vous n'avez pas d'avocat mais vous pouvez demander une indemnisation.

– Non merci, je n'en veux pas. »

Elle se rassoit et assiste, impuissante, à l'énumération de ses souffrances par le procureur. « Ses proches disent qu'elle craque souvent, qu'elle est perdue et fatiguée, qu'elle s'isole dans l'ambivalence d'un amour qui la met en danger. M. Paret contrôle ses sorties. Elle est sous l'emprise de cet homme et je souhaite qu'elle soit accompagnée par une association, parce que, madame, ce que vous nous dites aujourd'hui, c'est que vous ne vous considérez pas comme victime. » Il requiert deux ans de prison. La juge suspend la séance, le temps du délibéré. La victime s'éclipse. Elle revient un quart d'heure plus tard, des cabas de linge au bout des bras. Du linge propre pour son mec incarcéré. Du linge propre pour l'homme qui l'a tabassée. Du linge propre, oui, « car il reste l'amour ».

J'ai un peu d'avance à mon rendez-vous avec Clément, et en cherchant le bureau de Passible, je tombe sur Mathilde Legallais, une juriste qui m'avait écrit après avoir écouté ma série sur France Culture. La première fois qu'on s'était appelés, elle était au Canada, employée dans une maison d'hébergement qui accueillait des femmes et leurs enfants. Le récit de son expérience là-bas dessinait une atmosphère de peur permanente. « Personne, ni les pensionnaires ni les employées, n'a le droit d'utiliser le système GPS de son téléphone, m'explique-t-elle. Personne ne doit connaître l'adresse de la maison, pas même nos conjoints. D'ailleurs mon entretien d'embauche ne s'est pas fait sur mon lieu de travail, et jusqu'à mon premier jour je ne savais pas où j'allais exercer. » Les pensionnaires ont interdiction de retirer de l'argent dans les distributeurs alentour depuis qu'un type doué en informatique était parvenu à retrouver son ex-femme en hackant ses comptes bancaires. « La règle d'or, c'est : pas d'homme dans la maison. Quand on devait faire appel à un plombier ou un électricien, les dames recevaient un message leur demandant de rester dans leurs chambres le temps de l'intervention. »

Revenue en France, Mathilde travaille au service des enquêtes sociales rapides pour le bureau du procureur de Grenoble. Elle rencontre le prévenu quelques heures avant sa comparution et tente de lui faire raconter son histoire, pour que la cour le juge en ayant un minimum d'information sur son passé. Je lui décris le procès de M. Paret, et cette jeune victime qui se débattait à la barre pour lui éviter la taule. Elle n'est pas surprise. « Aux femmes qui vivaient dans la maison, quand je leur posais la question : "Est-ce que vous aimez encore monsieur ?" Dans 80 % des cas, la réponse était oui. L'une d'elles – qui s'était fait fracasser, j'avais les rapports de police – avait décoré sa chambre des photos de monsieur. Plein de petits cadres sur sa table de chevet. C'était glauque, mais elle disait qu'elle l'aimait. »

Que répondre à cette femme ? Qui peut se permettre de lui dire : « Tu crois pouvoir appeler *ça* de l'amour parce que tu es plus jeune que lui, que tu n'as pas fait d'études et qu'à l'époque où tu étais môme, ton vieux tabassait tout le monde à la maison, donc tu penses que la vie ressemble à ça, mais réveille-toi, réveille-toi maintenant parce que tu es sous emprise et tu ne le vois pas. »

Clément me reçoit avec ses collègues, Jean-Marc et Odile, des psys comme lui qu'il appelle les « vieux ». Jean-Marc et Odile ont travaillé pendant trente ans auprès de victimes de violences conjugales, avant de créer l'association Passible et de s'intéresser aux auteurs. Installés dans les fauteuils qu'ils présentent d'ordinaire à leurs patients, l'un finit la phrase commencée par l'autre.

« On est dans le soin, explique Odile. Soigner psychiquement, c'est tout ce qu'on sait faire. On reçoit ces hommes un par un, on les écoute, en se demandant : qu'est-ce qu'il se passe quand on frappe ? Première hypothèse : on frappe, on tue, parce qu'on se défend de ne pas être tué.

– On parle de tuer, nuance Jean-Marc, car en psychanalyse, la mort, c'est se retrouver face au vide.

– D'où le passage à l'acte quand on est sur le point d'être quitté ? je demande.

– Exactement. C'est l'abandon. La néantisation.

– Quand on reçoit ces auteurs, reprend Odile, on est surpris d'observer de la souffrance. Ils traînent des traumatismes infantiles dont ils n'ont parfois pas conscience, et qui remontent en entretien. On en voit une centaine par an, depuis douze ans, donc ça commence à faire beaucoup d'hommes. Et tous, sans exception, nous ramènent des traumatismes infantiles. Ce qu'on a repéré tout de suite, c'est qu'entre ce qu'on connaît des traumatismes des victimes et ceux des auteurs, il n'y a pas tant de différences.

– Sauf qu'il y en a un qui frappe, et pas l'autre, je dis.

– Attention, je ne dis pas qu'il y a ressemblance sur ce qui est permis ou pas, mais sur ce qui vient faire écho. Quelque chose dans ce qui ne se sait pas, ne se dit pas de soi, dans ces traumatismes de l'enfance, vient lier le couple. Il faut penser *l'interaction.* »

Je traduis. Sortons de la pensée binaire : le méchant et le gentil. C'est la confrontation du traumatisme de l'un au traumatisme de l'autre qui crée la violence. Admettons que vous êtes un homme, que vous avez rencontré une femme et qu'un jour celle-ci vous lance : « T'es qu'une merde. » Si vous avez appris à conflictualiser, même si la fille vous plaît énormément, vous allez vous dire, d'où elle vient cette malade ? Et vous allez partir. Mais si vous êtes traversé par des failles, vous allez rester, et dans l'interaction violente, les problèmes ne vont pas tarder. Mathilde Legallais a connu une Canadienne qui a enchaîné neuf conjoints violents. En creusant, elle a réalisé qu'elle avait toujours baigné là-dedans. Le mec dont cette femme tombe amoureuse, ce n'est jamais le gars bien qui la respecte, toujours le violent qui la méprise. La violence fait disjoncter le cerveau. Si votre cerveau a disjoncté quand vous étiez petit, il va le refaire beaucoup plus facilement par la suite. C'est un peu comme l'électricité dans une maison : pour certaines, les plombs sautent à chaque fois qu'on branche une bouilloire, alors que d'autres supportent le sèche-linge, le téléphone, la télé, la box, le grille-pain, le lave-vaisselle…

« La question de la sanction, c'est une norme qui bouge, explique Jean-Marc. La société n'a pas toujours condamné la violence conjugale, et pourtant elle existe depuis très longtemps.

– En dix ans, la norme sociale sur les violences dans le couple est passée de "il y en a trop" à "c'est plus possible", poursuit Odile. Le nombre de personnes qui nous appellent en disant : "J'ai un problème, je suis auteur de violences", augmente en flèche parce qu'à l'extérieur on entend que ça ne va pas s'il y a des violences dans le couple. Mon hypothèse, c'est que ça intervient aujourd'hui parce qu'on a travaillé sur les violences sexuelles auparavant. Notre société a commencé à se dire que violer une nana, c'était pas hyperfun, donc elle a criminalisé, et la majorité des affaires jugées aux assises, ce sont des crimes de mœurs. Avant, l'État considérait qu'il était compétent pour trancher des querelles de voisinage, mais l'intime, ça restait dans les familles, la justice ne s'en occupait pas. Maintenant, grâce aux associations féministes qui ont fait du foin, on vient voir ce qu'il se passe dans les maisons. Les enfants maltraités, le viol, et désormais les agressions entre adultes, la société a quelque chose à en dire. L'inceste, qui a longtemps été laissé de côté, je suis hypercontente qu'on s'en saisisse enfin ! »

Je suis tombé par hasard sur une archive d'Antenne 2, un micro-trottoir réalisé dans les rues de Paris en 1975, juste après la parution du livre d'Erin Pizzey, *Crie moins fort, les voisins vont t'entendre*. La journaliste – on reconnaît à sa voix que c'est une femme qui tient le micro – interpelle des hommes et leur demande s'ils battent leur femme. Bien sûr, certains s'offusquent ; jamais ils ne feraient une chose pareille, « pas même avec une rose ! », mais d'autres sont plus ambigus. Un homme en costume-cravate, le sourire aux lèvres : « Personnellement je ne bats pas la mienne, bien que parfois j'en aie envie. » Un autre, la soixantaine, de fines lunettes sur le nez, des cheveux sagement peignés vers l'arrière, rechigne sur les termes employés :

« Battue… non, disputée plutôt, oui. Un coup malheureux.

– Elle le méritait ? demande la journaliste.

– Pas spécialement, non. Un coup de colère. »

Un autre homme : « Oh… des petites gifles. Trois fois rien. »

Un autre :

« Y en a qui aiment ça.

– Mais y en a qui n'aiment pas ! rétorque la journaliste.

– Y en a qui ne sont pas battues parce qu'elles n'ont pas besoin d'être battues. »

Le plus troublant de tous est un trentenaire aux yeux bleus. Il fixe l'interviewseuse, sûr de lui, et retourne la question :

« Si je vous disais que moi, je bats ma femme pour qu'elle soit plus gentille, et plus amoureuse de moi, qu'est-ce que vous en pensez ?

– Et vous, qu'est-ce que vous en pensez ?

– J'en pense que si je veux taper ma femme, je suis sûr qu'elle fera mieux l'amour. »

« Ce ne serait plus possible aujourd'hui, avance Odile, ces hommes auraient un sentiment de honte, créé par la norme. » Le déni serait lié à cette honte. À de rares exceptions près – le jeune Jordy, à Caen, en est une –, plus personne ne se vante d'avoir tabassé sa femme. « Ce groupe de parole auquel vous avez assisté, demande Odile, vous aviez envie que les participants disent : "C'est vrai, je l'ai fait" ? »

Je dois bien avouer que oui, j'attendais qu'ils passent aux aveux.

« Ça nous aurait permis d'avancer, je bredouille.

– Alors vous devriez interroger votre fascination face au crime. Là où il y a de la violence, il y a de la sidération. C'est le phénomène des badauds : il y a un accident, on s'arrête. Vous avez envie de savoir. Vous avez envie qu'ils le disent parce qu'il y a ce présupposé, hérité de notre tradition judéo-chrétienne, que l'homme va s'amender parce qu'il a confessé ses péchés. Mais il n'a pas besoin de s'amender : notre justice n'est pas une justice de punition, mais de réhabilitation dans la société. Pour empêcher la récidive, être capable de dire : "Oui je l'ai fait", ça ne sert à rien.

– Mais comment se soigner si l'on ne se pense pas malade ? je demande.

– Le soin ne s'attaque pas aux symptômes. On soigne la personne en l'aidant à traiter ses traumatismes, à restaurer son estime de soi. On peut soigner quelqu'un sans avoir un entretien du type : "Parlez-moi de ce que vous avez fait." Les actes, c'est du ressort de la justice. Elle passe, elle condamne, par définition, elle est juste. Au type qui arrive dans mon bureau, je dis : "On va parler de vous", et ça dure des mois, ça part dans tous les sens. Au début, il est obligé, il prend son attestation pour prouver qu'il respecte l'obligation de soins, et puis il vient de plus en plus, et un matin, au cours de l'entretien, ce mec qui m'a lancé le premier jour "Toi la psy, tu crois que tu vas me faire changer ?" me dit : "Frapper ma femme, plus jamais."

– D'où vient la violence ?

– Du lien. Du lien qui se tisse dans un couple, des choses qui lient les gens au-delà de ce qu'ils en savent eux-mêmes.

– Donc c'est une coresponsabilité ?

– Non. Le seul responsable, c'est l'auteur des coups. C'est celui qui est jugé coupable et condamné. On ne parle pas de responsabilité à propos du lien. Est-ce que je suis responsable de ce qui me lie à mon mec ou ma copine ?

– J'emploie le mauvais mot, mais... disons que mes voisins du dessous s'engueulent, et que je les entends. Mes voisins du dessus s'engueulent aussi, sauf que là-haut, le mec frappe sa femme. À quel moment le lien s'abîme dans la violence ?

– Tu compares ces couples, mais les scènes diffèrent. Ce n'est pas la même chose de s'engueuler sur un sujet et de s'engueuler pour avoir raison. »

Elle attrape une bouteille vide sur son bureau.

« Si on s'engueule pour savoir qui va aller la remplir, si on est en conflit là-dessus, on va échanger des arguments pour trouver une solution : qui de l'un ou l'autre va marcher jusqu'au robinet de la cuisine ? C'est le problème du couple qui s'engueule en pleine nuit pour savoir qui va s'occuper du môme qui pleure. On bascule dans quelque chose de tout à fait différent à partir du moment où l'on s'engueule pour savoir qui de l'un ou l'autre a tort. On quitte le conflit pour aller vers la violence. Ce n'est plus la bouteille d'eau le problème, c'est le soi. Qui de toi ou de moi va avoir raison, qui de toi ou de moi va démonter l'autre, qui de toi ou de moi a été suffisamment blessé pour se mettre en situation de se protéger d'un autre, qui devient persécuteur. On est toujours dans les étages de ton immeuble, mais on vient de passer du conflit au rapport de domination. Le premier est socialement acceptable, le second, c'est de la violence. »

Cet après-midi, à l'audience, le prévenu a 60 ans. Gilles porte un gilet noir sur un t-shirt gris. Il est poursuivi pour violences sur sa femme, avec usage d'une arme et menaces de mort : « Si tu vends la maison, je te tue et je la brûle. »

La présidente s'adresse à Gilles avec un fond de mépris dans la voix. C'est une jeune juge, avec une bague scintillante à l'annulaire de la main droite. Elle lit l'ordonnance de renvoi. « Vous étiez alcoolisé, elle allait se coucher, vous prenez un couteau et vous lui dites : “C’est toi ou moi.” Le couteau se retrouve sur le lit. Elle le met sous les draps, s’enfuit, monte en voiture et roule jusqu’au domicile d’une amie. Vous reconnaissez ? » Le type hoche la tête. « Et donc vous lui dites : “Si tu ne veux plus de moi, supprime-moi.” »

Gilles sanglote à la barre. Il finit par rassembler ses esprits.

« Elle était en train de jouer avec notre petite-fille, Maëva. En me voyant entrer dans la pièce, elle lui a dit : “Allez, on s’en va, on va se coucher.” Je ne sais pas ce que je peux ajouter de plus. En vingt ans, je n’ai pas eu un geste déplacé. Je ne sais pas quoi vous dire.

– Votre conjointe s’est enfuie en voiture.

– Je lui disais : “Ne pars pas. Explique-moi.” Ça fait des mois et des mois que je lui dis : “Explique-moi.” »

Pour appuyer le fait qu’il n’est pas un salaud, il précise que sa belle-fille a vécu un an chez lui quand elle faisait construire. « Elle voulait venir aujourd’hui, c’est moi qui lui ai dit non. » La femme de Gilles l’a quitté. La maison a été vendue. Ils ne se sont revus que pour le nettoyage et le partage des biens. « À part ça, ça va ? » ose demander la juge. Gilles s’effondre en sanglots. « J’ai 1 200 euros de retraite, mais j’ai plus rien. Mes deux parents sont en EHPAD. Je suis seul. Sous anxiolytiques et antidépresseurs pour la première fois de ma vie. J’ai un psy, je le vois fréquemment. » Il ôte ses lunettes, qu'il pose en équilibre sur son front, le temps de s'éponger les yeux.

Le lendemain, j'en parle à Odile, la psy de Passible.

« Je vois bien la scène, oui. Il rentre, il est bourré, levée de l'inhibition et douleur au maximum. Il arrive, elle s'en va. Tu vois le mouvement ? Elle va se coucher sans lui parler. Je te propose les mots "abandonnique" et "rejet".

– Peut-être…

– Je parle de douleur parce qu'il est désespéré, cet homme. Il arrive au bout du rapport de forces. Il n'a plus de solution, c'est moi ou l'autre ou la mort.

– Qu'est-ce que vous feriez, avec un patient comme lui ?

– J'essayerais de travailler sur son désespoir. Mais j'imagine qu'il sera incarcéré, et comme je ne travaille plus en prison, ce sont mes collègues qui le verront.

– Il ne s'est pas senti capable de la tuer, je dis.

– Tu es très touché par ça ?

– Moi ? Non… non, c'est juste une histoire.

– C'est totalement notre sujet : le désespoir et l'abandon. Le psychologue doit aider l'autre à revenir sur son passé, se souvenir de ce qu'il a vécu. Cet homme, il serait intéressant de le questionner sur son enfance. Parce que là, je te dis "rejet", "abandonnique", mais ce n'est pas du tout sûr que ces mots aient été prononcés hier à l'audience.

– Il a dit : “Je n’ai plus rien. Avant j’avais une maison, une femme, des petites-filles, c’était toute ma vie, et maintenant je n’ai plus rien.”

– Angoisse de néantisation. C’est *à la vie à la mort*. Je n’ai plus rien : je ne *suis* plus rien. »

Pendant des années, Odile a travaillé avec une femme, Nelly, qui a quitté Passible parce qu’elle en avait assez de batailler avec les pouvoirs publics pour des financements ridicules. Élue aux municipales, Nelly est passée de l’autre côté, alternant désormais entre son bureau de maire et son cabinet de psychologue. L’urgence, dit-elle, n’est pas de réparer les violents, mais de revoir la façon dont on traite les enfants.

« À l’école, on essaye de vous faire entrer dans le crâne la date à laquelle Napoléon a fait je ne sais quoi, mais on ne vous apprend pas à être ensemble. Pas de cours d’empathie, jamais. En tant que maire, j’ai instauré ça avec une enseignante formée à l’éducation bienveillante et positive ; elle rencontre les élèves, les équipes d’animation, les cantinières, la garderie, et elle encourage les enfants à mettre des mots sur ce qu’ils ressentent.

– Qu’est-ce qu’il en ressort ?

– Un nuage d’émotions. Des mots remontent en surface : peur, tristesse, désespoir. Les enfants disent qu’ils sont tristes, en colère, que ça ne va pas à la maison. C'est très important qu'ils verbalisent leurs émotions, pour éviter le passage à l'acte violent. »

Je lui demande, à elle aussi, si on peut sauver les adultes. Elle hésite franchement.

« Je ne sais pas. Il y a quand même de très gros dysfonctionnements. Et au niveau politique… Regardez la levée de boucliers quand un député a proposé d'interdire la fessée. Au XXIe siècle, vous vous rendez compte ? »

Ce soir, Clément donne une formation à des directeurs d'école, des policiers, des éducateurs, des assistantes sociales, tous étant susceptibles, au quotidien, d'être confrontés à des victimes et des auteurs de violences conjugales. Pour l'occasion, il a tombé son pull violet pour un ensemble chemise et veste de costume. Il se présente comme un ancien de l'Aide sociale à l'enfance et cite le numéro vert pour lequel il assure un temps d'écoute.

« Il y a des hommes qui appellent ? » demande une femme au fond de la salle. Clément acquiesce. Elle en doute franchement, alors il ajoute :

« L'idée que les auteurs maîtrisent ce qu'ils font et qu'ils exercent leur violence par plaisir est très répandue, mais on les rencontre rarement, ces gars-là. La plupart du temps, ils ne comprennent pas. Ils sont débordés, terrorisés par leur violence. Donc oui, les gens appellent et cherchent des solutions. Ça les effraie beaucoup parce qu'une semaine auparavant ils n'auraient jamais imaginé que ça éclaterait, et ça a éclaté. Ils voudraient reprendre le contrôle de leur comportement.

– Ils appellent avant la violence, ou après ?

– Ça dépend. Hier, il y en a un qui m'a dit : "Je ne me mets pas en couple parce que je ne veux pas frapper quelqu'un. J'ai peur que ma colère gâche tout." Donc il reste seul, avec sa fracture du connard, celle que connaissent tous les urgentistes de France, le poing fracassé contre un mur. Le célibat, c'est la solution d'urgence, un peu comme : "J'ai peur qu'il y ait un monstre sous mon lit, donc je coupe les pieds de mon lit."

– Comment pouvez-vous construire une relation de confiance avec un homme violent ?

– Il faut les écouter, déjà. Par exemple, j'ai un patient dans le déni. Il ne se rappelle pas. Sa femme et ses enfants lui racontent ce qu'il a fait, il les croit, mais il ne s'en souvient plus. C'est un phénomène assez classique. Nous aussi, à des degrés moindres, on a du mal avec les choses dont on a honte. Je suis complètement bourré en soirée, j'ai fait des trucs honteux, le lendemain je ne m'en souviens pas. Est-ce que je ne m'en souviens pas, ou est-ce que mon cerveau, pour me protéger, me dissimule ces faits qui me font honte ? On a tous connu la honte. C'est le sentiment qui se partage le moins.

– Les auteurs de violence, ils éprouvent de l'amour ? demande une femme au fond de la salle.

– Je ne fais pas un discours biologique, mais le couple, avec ou sans amour, est un terrain qui favorise la violence. Vous avez tous des comportements avec votre conjoint qui seraient intolérables avec quelqu'un d'autre.

– Il y a des femmes qui appellent ?

– Bien sûr. Je leur pose toujours la même question : "Qu'est-ce que vous voulez ?" La plupart du temps, la réponse est : "Je veux qu'il arrête." Très rarement : "Je veux le quitter." Elles hésitent à porter plainte parce qu'elles pensent que les flics vont débarquer et incarcérer leur mec. Exactement comme les enfants victimes de harcèlement scolaire qui n'ont pas recours aux adultes parce qu'ils savent tout le bordel que ça va déclencher s'ils racontent ce qu'ils subissent quand ils ont le dos tourné.

– Est-ce qu'ils peuvent tous être aidés ?

– Il y a des irréductibles, avoue Clément. Il y a un ratio de gens qui sont destinés à rester en prison pour protéger la société parce qu'on n'arrivera pas à les changer.

– Que pensez-vous du cycle de la violence ? demande une femme.

– C'est une danse qui se fait à deux. L'auteur, il y croit lui aussi, quand revient la lune de miel. Jusqu'à la frustration d'après.

– Vous donnez l'impression de mettre l'auteur et la victime sur un pied d'égalité, lui reproche une autre.

– Ce sont tous les deux des êtres humains. Je le dis parce que les auteurs de violences ont une représentation monstrueuse. Ce n'est pas inintéressant de se dire qu'ils sont humains et qu'ils nous ressemblent. Bien entendu, ils ont une insécurité psychique, un traumatisme. Je n'ai encore jamais rencontré d'homme violent qui n'ait pas de problème. »

Clément habite une maison en lisière de forêt, avec sa femme, Chloé, et leur fils, Célestin, un petit garçon avec de longs cheveux blonds, bouclés, relevés en queue-de-cheval par un chouchou violet. Branché sur 2 000 volts, Célestin se balade nu en sortant du bain et insiste pour me montrer sa chambre, ses jouets, la plante toute neuve que sa maman lui a offerte cet après-midi. Il dîne de spaghettis sans sauce, mais tient à y ajouter des cacahuètes. Il refuse d'aller se coucher et profite de la présence d'un invité pour faire des allers-retours entre sa chambre et le salon, une fois pour me faire une démonstration de sa super lampe torche, une autre pour annoncer qu'il a retrouvé je ne sais quel jouet qu'il pensait perdu à tout jamais. « J'ai hérité du modèle sport », rigole Clément. Puis, une fois que Célestin est bel et bien au fond de son lit, il ajoute : « Il est harcelé à l'école. Parce qu'il met des barrettes. Et aussi parce qu'il lui arrive de porter une veste rose qu'il aime beaucoup. » Il y a trente ans, Clément a été victime de harcèlement scolaire, lui aussi. Les élèves lui avaient trouvé un surnom : « Décharge ». Comme une décharge. « En CM2, je m'en souviens comme si c'était hier, l'instituteur a fait l'appel et il a dit "Décharge", au lieu de Clément. Donc il savait. Et il n'a rien fait. »

Je quittais Grenoble quand j'ai reçu une lettre de Cécile, la jeune femme rencontrée en ouverture de ce livre, celle dont l'histoire m'avait bouleversé au point d'intégrer un groupe de parole. Sa lettre est un souvenir. Une nuit jaillie du passé.

La planète s'est divisée en deux une nuit.

Le monde n'était pas paisible avant cela, mais il était uni. Les choses avaient une direction, il y avait une cohérence. À 2 heures du matin, peut-être 1 heure, j'entends des bruits. Quelque chose qui se brise peut-être. Je me lève.

D'habitude, je ne me serais pas levée : je suis de celles qui ont peur de l'intrus dans la maison, du cambrioleur, de l'assassin. Je ne suis pas ce personnage de mauvais film qui meurt bêtement, en premier, coincé dans le grenier.

Mais là, j'y vais.

Je me dirige au bruit. Et c'est certain, ce bruit, il vient de la cuisine.

Mon père, nu, casse de la vaisselle. Méthodiquement.

Il me voit. Il part et revient en caleçon à peine une minute plus tard. Il reprend son travail là où il l'avait laissé : il prend une assiette après l'autre pour les briser. Méthodiquement. Avec la décence du caleçon.

Sur le sol de la cuisine, c'est beau. Partout, des débris d'assiettes de différentes couleurs, de différentes tailles. Je regarde, hypnotisée : le sol, mon père, à nouveau le sol. Puis le placard, et les assiettes qui restent dans ce placard.

Je me demande, comme au-dessus de la scène : « Pourquoi casse-t-on les assiettes lorsqu'on détruit son couple ? » Puis : « Pourquoi s'en prend-on aux assiettes ? Pourquoi pas les verres ? Ou les vases ? »

La réalité revient.

« Papa. »

Blanc.

Assiette en main de papa, prête à subir le même sort que ses amies au sol.

« Papa, tu nous casses les couilles, tu essayes de nous rendre aussi fous que toi. »

Dans ma famille, on ne dit pas ça à son père. À son père, on dit : « Merci » ; « Ce rôti est délicieux » ; « J'ai réussi mon DM de maths » ; « Je suis première en histoire. » On dit aussi ses bêtises, tant qu'elles peuvent être comprises et surtout tant qu'elles sont drôles. Des anecdotes courtes et distrayantes. J'ai même pu rire avec mon père d'avoir sauté d'un pont dans la

Seine avec mes amis pour imiter Jackass, mes idoles de l'époque.

Les yeux bleus de mon père sont translucides. Je ne les reconnais pas. Lorsque je dis cette phrase, je sais que *les planètes s'inversent.*

Puis rien. Le vide. Le temps de l'impact, un peu de fumée après la bombe.

Cinq heures plus tard dans cette même cuisine, il fait brûler de la viande dans une marmite. Il est pieds nus, il marche sur les débris de vaisselle, il y a du sang au sol. Nous sommes à table, ma mère, mon frère et moi. Plaqués sur nos chaises, nous essayons de prendre la couleur des meubles. Cette nuit-là, personne n'a dormi. Nous assistons au grand massacre de trente ans de vie commune. Il a décidé que sa folie ne serait plus juste la sienne, que nous repartirions tous avec un petit morceau d'assiette et de douleur.

Personne ne bouge. Ma mère dit d'un morceau de viande brûlant que mon père nous jette à mains nues : « C'est bon tout de même » avec un sourire absurde, sans vie.

La violence, je l'ai toujours connue. Je ne l'ai pas découverte ce soir-là. Mais à cet instant, je suis devenue active. C'est toute la différence. Jusque-là je la subissais. Je l'évitais.

Ce soir-là, elle est née au fond de moi, comme un feu. Je voulais faire du mal à mon père. Il n'avait pas de limites. Des limites, chez nous, il y en avait peu. La mort planait toujours à la maison. Mais ce soir-là est née l'envie de hurler.

J'ai hurlé.

Mon frère Antoine était à côté, il vérifiait qu'on n'en venait pas aux mains.

Mais le feu s'était embrasé en prenant tout sur son passage. Le mal était fait. J'étais contaminée.

Ce feu, c'est la haine. Et la volonté désespérée de se battre contre plus fort. En sachant qu'on sera broyé, qu'on n'a aucune chance. Qu'on finira en miettes. C'est un feu qui dit: « Tue-moi » ; « Je ne veux pas survivre à ça » ; « Je ne veux pas voir ce qu'il y a après. »

Il n'y a plus de lien entre nous quatre, tout est détruit, comme la vaisselle. Il ne reste que des cendres sur lesquelles marche mon père en saignant.

Cette nuit, mon père ne voyait rien ni personne. Il se démenait désespérément dans le brouillard de sa folie. Lui, il n'était pas là. Je ne sais pas qui, ou quoi, a pris possession de son corps. Une partie de moi est restée dans cette cuisine, avec la personne qui a pris le corps de mon père.

Bloquée dans cette scène, je la rejoue désespérément avec d'autres en cherchant une porte de sortie qui n'existe pas. Nous n'avons jamais reparlé de cet épisode. Je suis probablement la seule qui se souvient.

Je me demande si les études de psychologie me servent à essayer de comprendre. Mettre des mots, une distance. « Ce n'était pas lui, c'était une décompensation. » « Ce n'était pas mon père. »

Que s'est-il passé dans cette cuisine ?

Qui a ramassé les assiettes brisées ?

Vers 4 heures du matin, mon père prend un morceau de viande bouillant et le jette sur ma mère. Il lui brûle la jambe. Antoine s'interpose, sans violence. Je vois la scène comme un réalisateur de cinéma. Je suis hors cadre.

Puis je sens ce vent à l'intérieur de moi. Le sentiment d'injustice. Je vois les yeux toujours plus bleus de mon père, d'un bleu étrange. Très pâles, vides. Presque gris. Ma mère est un fantôme. Elle est presque transparente. En dehors de cette brûlure, je n'ai aucun souvenir d'elle cette nuit-là.

Je me réveille du coma quelques heures plus tard, j'exige qu'Antoine et ma mère prennent leurs affaires. Nous allons dans le garage et nous partons.

Mon père menace de se suicider.

Je me demande si je trouverai mon père mort au sol dans la rue, jeté par la fenêtre. Je n'ose même pas regarder sur ma droite en passant devant la maison tant la scène me semble plausible.

Ma mère n'était plus là depuis des années.

Mon père l'avait dévorée. Elle n'avait plus d'avis, plus d'aspérités. Elle était blanche, vaporeuse, silencieuse. Cette femme si belle était devenue une ombre qui planait dans notre appartement luxueux.

Vingt-cinq ans plus tôt, sur les photos, mes parents sont jeunes, en Guadeloupe. C'est un couple de cinéma. Le soleil, les fruits tropicaux, l'eau turquoise. La passion. Moi, bébé, bruyante. En vie. Mon père se laisse envahir par ma dévoration d'enfant. Il n'a pas peur. Je m'étale sur lui comme un petit animal. Déjà, ma mère semble flotter. Elle a une beauté indicible.

Une beauté bleue, qu'on ne possédera jamais. On ne sait pas où elle est. Émane d'elle une lumière douce, cosmique.

J'ai toujours été sensible à la question du combat. Il m'est impossible de ne pas prendre position. Ne jamais donner le premier coup, mais montrer que s'il le faut, je suis prête à le payer cher. Avec les années, j'ai senti que j'avais le cuir épais et que j'avais besoin de le mettre à l'épreuve. Je me remets rapidement de la violence. De celle des élèves au collège, de ma boss à la Défense, des petits amis plus tard.

Je n'ai en fait jamais réussi à me taire. J'ai tout organisé dans ma vie pour parler, combattre un silence qui a tout emporté. Et je me retrouve dans cette violence, c'est familier. Je sais comment ça fonctionne. C'est terrible mais c'est aussi chaleureux, je sais comment m'y déplacer. Je vois en face de moi quelque chose qui s'abat, sans distinction, je vois cette folie aveugle.

Je la hais mais elle, elle me connaît. Elle sait toujours où me trouver.

Souvent, on m'a demandé pour mes petits amis : « Pourquoi n'es-tu pas partie ? » Les personnes qui disent ça ne comprennent pas le sujet. Je ne leur en veux pas : je les envie. Je vois distinctement par ces questions qu'ils ont cette case-là, cette réalité si claire. C'est beau et doux. Ça me fait l'effet d'un feu de cheminée délicat, devant lequel je ne pourrai jamais me reposer. Cette case me manque et n'existera pas. On ne construit pas sur du vide.

On ne peut pas partir. Il ne s'agit pas de volonté, de morale ou d'envie. C'est une question d'hypnose. Une fois le processus enclenché, il est déjà bien trop tard. Tout a démarré longtemps avant la scène centrale. De petits grains de sable essaimés, des nanomètres additionnés qui finissent par former des centimètres puis des mètres et des kilomètres pris dans la mauvaise direction.

Tout se passe à votre insu. Vous avez l'impression pourtant d'y faire attention. L'alcoolique sait qu'il a un problème. Quand on connaît la violence, on peut tout faire pour l'éviter, on finit toujours par faire ce que l'oracle de Delphes a prédit.

Elle vous trouve jusque dans votre chambre, où la porte était fermée à clé, jusque dans votre lit, entre vos oreillers. Elle est dans la salle de bains, entre les tasses de thé. Elle est sur vos photos de vacances, dans la pochette de votre sac en cuir. Elle est sur cette jupe légère d'été et sur la couverture de votre livre préféré. Elle s'infiltre partout. Vous avez beau frotter, elle s'est installée.

La violence ne définit pas une personne. On a beau être drôle, attachant, sensible, intelligent, on peut aussi être violent. On a beau être aimant, fragile et même tendre, on peut encore être violent.

J'ai été ému de lire ce texte, et impressionné par sa puissance. Je le lui ai dit, à Cécile, et j'ai ajouté qu'à sa lecture j'avais pensé au livre d'Adeline Dieudonné, *La Vraie Vie*. C'est l'histoire d'une fille qui habite un pavillon de banlieue avec son petit frère, Gilles, et ses parents. La mère est transparente, amibe craintive, soumise aux colères de son mari, chasseur de gros gibier. La maison baigne dans la terreur.

> Ce soir-là, nous étions à table. Chacun mangeait en silence. Nos gestes étaient précis, mesurés. Personne ne voulait être responsable de l'étincelle qui provoquerait l'explosion. Les seuls bruits qui emplissaient la pièce émanaient de mon père. De ses mâchoires entre lesquelles disparaissaient de gros morceaux de viande. De sa respiration courte et rauque. Dans son assiette, les haricots et la purée ressemblaient à deux atolls perdus dans une mer de sang. Je me forçais à manger pour me fondre dans le décor, mais j'avais les tripes nouées. Je l'observais du coin de l'œil, je guettais l'arrivée du cataclysme.

Qu'était-elle devenue, Cécile, deux ans après son stage « de responsabilisation à la violence » ? On s'est retrouvés à une porte de Paris et on a marché droit devant nous jusqu'au silence du bois de Vincennes. Pendant une heure on a discuté de tout et de rien, comme le font deux personnes qui ne se sont pas vues depuis longtemps. Elle m'a raconté sa formation de psychologue, son poste à l'hôpital, ce mec qui la draguait gentiment et la montagne qui se tenait devant elle en réalisant qu'elle avait envie d'accepter son invitation à boire un verre, mais qu'elle n'en était peut-être pas capable. Puis on s'est assis sur un banc, au soleil, on a regardé les joggeurs, les couples avec poussette, les mômes qui courent après les canards du lac Daumesnil, et Cécile m'a parlé de son père. « C'est quelqu'un à qui on ne dit jamais non et qui a oublié que ça puisse être possible, du coup quand ça arrive, il part en délire de persécution. » Il venait de lui envoyer un texto dans lequel il déballait la liste des souffrances qu'auraient engendrées Cécile et sa mère. « Dans son cerveau, on forme un être pas clairement identifié. » En lisant ce message, elle a soudain ressenti une peur ancienne, la peur d'une petite fille qui a fait une bêtise. « J'étais en train de me balader et je me suis sentie tellement mal que je suis rentrée chez moi. Un truc clignotait dans mon cortex : situation de menace. » Pendant quarante-huit heures, elle a écrit des phrases qu'elle a effacées, tentant de tout reprendre depuis le début, de décortiquer l'histoire pour lui démontrer par A plus B que la personne persécutée, ce n'était pas lui, et puis elle a fini par adopter une attitude de thérapeute, accuser réception : « En effet, ça a l'air très dur et douloureux pour toi. » Point. Dans l'entourage de Cécile, personne ne sait que la maison est un champ de bataille.

« Mon père est cardiologue, ma mère médecin, on est la famille de bourges. Souvent on me disait : "Oh, j'aimerais trop avoir tes parents." Parce que mon père, quand il y a du monde, il est différent. Tu le trouverais super sympa. Beaucoup de charisme. Hypercalme. Mais au bout d'un moment, le réel est trop effractant pour lui, ça menace trop sa structure, donc ce qu'il met à la place c'est : je suis persécuté.

– Cette scène, dans la cuisine, ça s'est fini comment ?

– Il n'y avait plus une seule assiette. Il en a racheté. Il était très content. Il me disait : "J'ai racheté de belles assiettes." Et dans son regard, il y avait un truc un peu spécial. J'ai répondu : "C'est cool, ça fait plaisir, c'est des belles assiettes." T'as l'impression d'être chez les fous. D'ailleurs quand je suis aux urgences psychiatriques, j'ai l'impression d'être à la maison. C'est la maison. Rien de nouveau. »

La famille de Cécile est un bon exemple de contagion de la violence. Il y a un patient zéro, le père, mais tout le monde est contaminé. « Ma mère a beaucoup fait semblant, pour que ça ne craque pas, pour faire tenir l'ensemble. Et le truc typique, c'est de se dire que les enfants ne s'en rendront peut-être pas compte. Tu vois, quand je suis sortie du commissariat, j'ai senti un truc bizarre, et je lui ai demandé : "Papa, il était violent avec toi ?" Elle a réfléchi une seconde, puis elle a dit : "En fait, je me rends compte que oui." Un jour il lui avait cassé le petit doigt. Dans cette situation, la sienne, tu as envie de croire que tes enfants ne vivront pas ces choses-là. Alors qu'ils sont au milieu. Et qu'ils sont pas cons. Donc ils passent pas à côté. » Son frère, Antoine, a 31 ans. Il est terrorisé à l'idée d'être violent.

« Deux de ses amies ont été frappées par leurs mecs, elles se sont confiées à Antoine, elles lui ont raconté ce qu'elles avaient subi, mais il lui était impossible de se positionner. Il disait : "Je ne peux pas condamner parce que je ne sais pas si je ne le ferais pas moi-même."

– Il le verbalise comme ça ?

– Oui. C'est hyperdur parce que j'ai l'impression qu'on est contaminés par un truc. Comme un virus. C'est à vie. C'est une maladie, quoi. Tu vois, j'ai beaucoup repensé à mon histoire avec Julien, et je crois que je cherchais un peu à revivre la scène de la cuisine. Pour que ça se termine autrement. Parce que je me rends compte aussi que, dans ces moments-là, il y a un truc qui est très violent chez moi. Rien n'était gravé dans le marbre, ce n'était pas écrit que ça allait se terminer de cette façon-là avec Julien, mais j'ai quand même choisi un mec avec lequel il y avait la possibilité que ça parte en couille.

– Tu en avais conscience ?

– Non, à l'époque je l'ai vraiment pris comme un accident de la route. Mais avec le recul, je pense que dans mes choix de mecs, j'étais vachement dans des situations où ça pouvait déraper. Des mecs *border*, avec des trucs pas réglés sur la violence. Pour Julien, c'était évident. Pour celui d'avant aussi. Quand la justice m'a reproché de ne pas m'être laissé faire, j'ai réalisé qu'il y a donc des meufs qui se font tabasser sans répliquer. Je ne suis pas là-dedans. Je pense que j'avais quand même l'envie de me taper avec un mec. Parce que le bon, celui que j'avais envie de frapper, en vrai, c'était pas Julien. Participer à ton podcast, c'était l'occasion de mettre une énorme tarte à mon père.

– La dernière fois qu'on s'est vus, tu disais : "Ce qui me rend folle, c'est qu'on me dit que je suis violente, il doit y avoir une logique, mais j'arrive pas à la trouver."

– Je suis la victime. C'est vraiment monstrueux que ça n'ait pas été reconnu, le trauma pour moi est d'ailleurs bien plus du côté de la justice que des coups que Julien m'a mis. En revanche, niveau psy, j'ai une violence, c'est vrai. Dans les scènes avec Julien, il y avait un truc qui se jouait à deux. Ce n'est pas arrivé par hasard. Tu te mets dans une situation où, bien que cela ne soit pas de ta faute sur le plan juridique, ça peut arriver. Ça ne veut pas dire que tu n'es pas victime. Mais tu es dans la répétition d'un truc qui te fait vraiment souffrir et tu n'as aucune idée de pourquoi tu le répètes comme ça. »

On a fini par avoir froid. On s'est levés de notre banc et on a rebroussé chemin. Peu de temps après, elle a envoyé un mail à son frère et ses parents, comme une lettre de rupture.

Il y a deux semaines, j'ai vécu une situation où j'aurais pu être vraiment très en colère. Passé le premier mouvement de panique, comme un réflexe, « ça arrive encore ! » [...] j'ai regardé la situation avec un peu plus de distance et je me suis dit, en fait, ce n'est pas à moi tout ça ; alors j'ai juste fermé la porte. La détresse, la colère, la persécution, j'ai mis tout ça dehors et j'ai fermé la porte, tranquillement, sûre à l'intérieur que c'était la bonne chose à faire.

J'ai instauré ce jour-là, je crois, du langage ou de la pensée entre cette colère et moi.

[...]

J'ai peur de « rechuter », comme les toxicomanes que je vois en consultation. Le pouvoir d'attraction est fort. Il nous lie à notre passé. Peut-être me liait-il surtout à vous ? Peut-être que je refusais que l'on se sépare, tous les quatre ?

Pourtant j'ai senti que je ne quittais personne. J'ai peut-être juste rangé ma chambre. Et je crois que j'aime bien y être parfois toute seule, dans cette chambre.

cinq.

« Ici c'est un hôpital. Ça coupe court aux guéguerres de féministes qui seraient trop ceci ou pas assez cela. On est des soignants. On se concentre sur l'impact de ce que subissent ces femmes sur leur santé. » Je me tiens devant Ghada Hatem-Gantzer. Ses équipes l'appellent le « bulldozer ». Il y a dix ans, elle était cheffe de service en maternité, elle recevait des femmes enceintes, stériles, excisées, souffrant de fibromes ou de cancers du sein, mais les patientes dont la santé lui paraissait la plus abîmée étaient celles qui vivaient avec un homme violent ; alors elle s'est mise en quête de fonds et la première Maison des femmes a ouvert à Saint-Denis, dans le 93.

Il n'est pas 8 heures. Son téléphone sonne dans sa blouse. « Elle a vomi ? Merde. Non, on n'a plus le droit en intravaginal, il y a eu des chocs anaphylactiques. Eh bien, donne-lui deux par deux, hein, vas-y tout doux. Merci, Nadine. » Elle raccroche. La violence des hommes, elle la croise ici tous les jours. Hier encore, une femme qu'on a forcée à s'asseoir dans une bassine d'eau bouillante. Je lui demande comment vaincre la violence. Il est souvent décevant de chercher de l'espoir chez les médecins. Les médecins sont des pragmatiques, des réalistes, des gens qui ne cillent pas au moment de plonger leurs mains dans la chair, des gens à qui on ne la fait pas.

« La loi qui interdit, "Tu ne violeras point, tu ne tueras point", je n'y crois pas, finit-elle par dire. Il faut commencer par les tout-petits et leurs mamans. Ce sont elles qui élèvent les fils. Et dans pas mal de pays, même si on les aime beaucoup, les petites filles sont élevées pour devenir des servantes. Je suis libanaise, j'ai trois frères. Qui soigne ses parents quand ils tombent malades ? La fille. Qui sacrifie sa carrière ? La fille. »

Une « Nana » de Niki de Saint Phalle, tout en rondeurs, domine l'accueil de la Maison des femmes. Chaque jour, soixante-dix patientes sont reçues ici. Les rendez-vous n'ont pas débuté que les sièges sont déjà tous occupés. À l'étage, l'équipe s'installe autour de la table qui sert aux réunions et aux déjeuners avalés au lance-pierre. Il y a Arnaud, le sexologue, Carine et Ornella, les psychologues, Claire, la stagiaire, Séverine, l'assistante sociale, Mathilde, la sage-femme, Sally, l'étudiante, et d'autres médecins dont j'ignore les prénoms. Ce matin, on s'interroge sur le cas de Mme Girard, 44 ans.

« Cuisinière au chômage à temps partiel, dit Mathilde en parcourant sa fiche. Elle a subi des violences conjugales et psychologiques, elle vit avec son fils de 9 ans et la fille de monsieur. Ils cohabitent en séparation depuis six mois parce que le prix de l'appartement est trop élevé pour une vente. La violence a explosé pendant le confinement. Pas mal de harcèlement moral, aussi, il enlève le hublot de la machine pour l'empêcher de laver ses affaires. Elle a déjà subi les violences d'un premier conjoint qui lui avait laissé trois points de suture. Elle est isolée, et malgré ses enregistrements audio, les flics lui disent de ne pas porter plainte. Elle se sent très seule.

– Orientation vers le groupe de parole, non ? Si elle pense qu'elle est seule à vivre ce calvaire, dit une médecin qui touille son café avec un stylo.

– Ils sont *chtarb* les mecs, commente l'assistante sociale. Il remet le hublot pour laver son linge à lui. C'est la deuxième fois que j'entends ça. »

Au rez-de-chaussée, une maman voilée a rendez-vous chez la psychologue. Elle entre sur la pointe des pieds, accompagnée d'une interprète en arabe qui pourrait être sa fille. « Je ne suis pas suffisamment à l'aise dans mes cours de français », s'excuse la patiente. Les larmes lui montent aux yeux. « Ça ne va pas. Avec mes enfants, on vit dans une petite pièce… »

La psy lui tend un mouchoir.

« Il y a une vidéo dans son téléphone, elle va vous montrer, dit l'interprète. Si j'ai bien compris, le logement ressemble à un container. »

La psy lance la vidéo. C'est un Algeco. Les enfants n'ont pas de bureau. Ils font leurs devoirs sur leurs genoux. Elle a donné pour consigne à son fils Amar de ne pas transmettre leur adresse.

« Il est brillant, je ne veux pas que les autres enfants trouvent une faille et se moquent de lui.

– Comment elle va, votre grande ? » demande la psy.

Elle suffoque. Le liseré blanc de son masque chirurgical retient les larmes comme un barrage.

« J'essaye de me rapprocher d'elle pour la faire parler, mais elle refuse. La dernière fois je lui ai dit : "Fais comme si j'étais ta copine, mais en mieux parce que je suis ta maman." Ça marche pas. Elle prend ses distances.

– Face à vous, elle a tellement honte. Ce qu'a fait cet homme, c'est tellement pervers… »

La patiente prend une longue inspiration, soupire dans son masque et quitte la pièce. La psy s'assure que la porte est bien fermée avant de me confier que cette dame a fui le Maroc après que son mari, qui la frappait copieusement, a violé leur fille, Aya. D'où la culpabilité. « Ça permet de survivre pendant les violences, la culpabilité, ensuite, malheureusement, ça enferme dans la honte et le silence. »

À l'étage, on sort des perles, des tissus, des crayons. Clémentine, illustratrice, et Louise, photographe, animent l'atelier « Réparer l'intime ». Les participantes sont invitées à se fabriquer un bijou, puis elles sont maquillées et prises en photo par une professionnelle.

« Souvent, elles pleurent, raconte Clémentine. Pour la plupart, ça fait des années qu'elles fuient les miroirs.

– Elles y voient un intérêt ?

– On ne leur explique pas l'intérêt. Les dames viennent pour se faire du bien et pour être ensemble. Ça offre une pause dans leur semaine, un moment à elles. »

L'été dernier, la chaleur avait poussé Clémentine à se saisir d'un manche à balai pour ouvrir le Velux. Une patiente s'était mise à hurler. Le balai la ramenait dix ans en arrière, quand son ex la battait. Louise l'avait prise par la main et l'avait emmenée voir les fleurs du jardin.

« Je suis arrivée ici en 2016, avec mon fils », dit une femme en piochant des perles dans des bocaux qui ont jadis accueilli du vinaigre et des cornichons. En plus de la minerve qui lui enserre les cervicales, une attelle immobilise son genou et une partie de sa jambe gauche. J'ignore ce qui lui est arrivé. Peut-être une chute toute bête dans les escaliers. Ou bien son mec l'a rouée de coups jusqu'à lui briser le genou. Elle ôte son bonnet et dévoile des tresses collées.

« Comment tu te trouves ? demande Clémentine en lui montrant une vieille photo.

– Grosse.

– Non, mais ce regard. Tu as vu ces yeux ?

– Je vois du stress dans ces yeux.

– Je les trouve belles ces photos, tu as quelque chose de puissant dans le regard. »

Elle renifle.

« Ça va aller ? Tu vas pouvoir te dessiner ? Sinon, pas de problème, tu pourras le faire un autre jour.

– Je vais le faire », dit-elle.

Elle attrape un critérium et se penche sur le calque. Sa voisine l'interpelle.

« Tu as perdu combien par rapport à la photo ?

– Dix kilos.

– Comment tu as fait ? Moi aussi je dois perdre dix kilos. »

Au fond de la pièce, une femme dessine sa maison idéale. Elle fredonne un air lancinant, pas triste, comme une ballade pour endormir un enfant.

Cet après-midi, la Maison accueille une journaliste. Elle porte des Palladium et un élégant manteau sombre qui met en valeur ses cheveux argentés. Son ex-conjoint a été jugé la semaine dernière. Pénétrer dans l'enceinte du tribunal a été une épreuve terrible. Elle se répétait, tout au long du procès : « Ce n'est pas toi qu'on juge, ce n'est pas toi. » Elle ne s'attendait pas à être si fragile. « J'ai choisi un métier d'homme dans un pays musulman, journaliste en Algérie. Je conduisais ma voiture. Et je me suis retrouvée ici, en France, à subir ce que j'avais évité dans mon pays. » Elle ne cherchait pas de mec. Ça faisait vingt-cinq ans qu'elle vivait seule. Elle venait de publier un livre. « J'étais en promotion, invitée partout, je faisais pas la manche. »

Elle garde le silence.

« Il y a un mot qui m'échappe. Ce n'est pas "sous influence"… »

On sait tous les trois, elle, la psy et moi, que le mot qu'elle cherche, c'est « emprise », mais personne ne le prononcera à sa place.

« La dernière fois, il n'avait aucune expression, aucune empathie, finit-elle par dire. C'est comme s'il avait déplacé un manteau, ou une chaise. Il a frappé et s'est rassis devant son assiette. Il n'y avait rien dans ses yeux. »

Silence.

« L'emprise. »

Voilà, elle l'a dit.

« Ah, dit la psy.

– Je veux comprendre. Je veux comprendre. »

La psy l'invite à raconter son altercation de la veille avec sa voisine, une policière. « Je lui ai dit que je devais me faire opérer du nez, à cause du cartilage qui s'en va, elle était en colère. "Tu vois, il t'a massacrée. Je comprends pas pourquoi vous restez quand vous subissez des trucs pareils !" Quand elle dit ça, elle parle de moi. Je ne veux pas de cette image.

– On avait parlé de se détacher de la Maison des femmes, pour que vous soyez suivie ailleurs, dit la psy.

– Oh non. J'ai tellement peur de me couper de vous. »

Elle sort. Le mari de cette journaliste est un homme haut placé dans la fonction publique.

Je passe chez Séverine, l'assistante sociale. Avant d'arriver à la Maison des femmes, Séverine travaillait à la Protection judiciaire de la jeunesse (PJJ), les mineurs délinquants. Il serait trop facile de la décrire comme la grande gueule de la maison, mais disons que, après toutes les horreurs dont elle a été témoin, elle a appris à appeler un chat un chat.

« Elle a été orientée chez nous par les urgences de l'hôpital Delafontaine. Son mec lui laissait une baguette de pain par semaine. Elle avait perdu douze kilos, elle enchaînait les malaises. J'ai failli la prendre chez moi. Elle avait 31 ans, il la séquestrait, il la violait, il l'appelait "ma chienne". »

La fille dont elle parle a été marquée comme du bétail. Son mec l'a traînée dans un salon de tatouage pour y faire apposer son nom. « Propriété de monsieur Untel ». Séverine vérifie l'heure à son poignet et fait entrer sa prochaine patiente, une Martiniquaise aux cheveux violets, envoyée par son gynécologue après une IVG.

« J'ai subi des attouchements de mon oncle quand j'étais plus jeune. Ça se passait aux réunions familiales. La fois dont je me souviens, c'était chez ma tante. Et l'autre truc, c'est quand j'avais 17 ans, mon mec de l'époque, quand je lui ai dit que je ne voulais plus être avec lui, il m'a attrapée par la gorge et m'a forcée au rapport sexuel.

– Vous savez comment ça s'appelle ?

– Un viol.

– Bien. »

La patiente laisse un temps, avant d'ajouter :

« J'ai peur de l'abandon. Et je fais pas confiance aux hommes.

– Vous avez bien raison. Vous avez des enfants ?

– Un fils de 17 ans. Je l'ai eu à 23 ans. Mais depuis qu'il a 11 ans, depuis son entrée en sixième, il est dans la délinquance. Il a déjà fait de la détention et tout…

– Qu'est-ce qui ne va pas ?

– L'absence du père revient beaucoup. Il n'a pas été reconnu. Donc c'est mon fils, et seulement le mien. Mais il réclamait son père. Et moi j'ai fait tous les commissariats d'Île-de-France.

– Il est dans quoi votre fils ?

– Stups et cambriolages. Il va pas à l'école. La journée, il traîne dehors. Il a déjà été en centre éducatif renforcé, c'était le plus jeune de la structure, il avait 14 ans et il martyrisait tout le monde. Là-bas, il a sympathisé avec un jeune qui avait des contacts et quand il est sorti il s'est mis dans les stups. Il a fait deux mois à Fleury, en juillet et en août. »

Elle a l'air exténuée.

« Il vend du shit. Il me dit : "Moi quand j'aurai ton âge je serai déjà riche." Du côté de mon père, il y a beaucoup de dépressions, ma sœur en a fait une, moi j'en ai fait deux. J'ai un cousin bipolaire. Mon fils fume beaucoup, et j'ai peur qu'avec les stupéfiants il vrille lui aussi.

– On ne parle que de lui depuis tout à l'heure et on oublie le pourquoi de votre présence ici. »

Elle n'entend pas.

« J'ai déjà pensé au suicide. Je pensais me jeter d'un pont. Avec lui. Pour qu'il parte avec moi. »

Silence.

« La mort lui tourne déjà autour. Il a pris trois coups de couteau. Le gardien l'a trouvé dans la cage d'escalier en train de se vider de son sang. »

Des mères comme elle, Séverine en a rencontré plein, du temps de la PJJ. Elle sait qu'il vaut mieux garder le silence plutôt que prononcer des phrases indécentes, comme : « C'est qu'une passade » ; « Ça ira mieux » ; « Il faut que jeunesse se passe. » La patiente, hagarde, remercie et s'en va.

Le vendredi, un groupe de parole se réunit sous les regards de mère Teresa, Jane Goodall, Oum Kalsoum et d'autres femmes célèbres dont les portraits recouvrent les murs. Je retrouve les tables en cercle, les chaises vides, une atmosphère particulière, sauf qu'ici ce sont des femmes qui parlent. Mathilde, l'animatrice, travaille avec une médecin, Emmanuelle Piet, qui venait il y a vingt-cinq ans dans sa classe de CM2, à Bondy, faire des interventions type « Mon corps, c'est mon corps », à la suite desquelles sa meilleure amie avait raconté les violences exercées par son oncle sur sa tante, son père sur sa mère, et l'inceste qu'elle subissait. « Elle me disait : “Mon papa il est gentil, même si le soir il vient me voir et j'ai peur. Je serre fort la panthère rose que tu m'as offerte.” » Mathilde avait 16 ans quand elle a vu cette amie se mettre en couple avec un type hyperviolent. « Il la surveillait dans la cour du lycée. » Devenue sage-femme en 2009, elle a consacré sa thèse aux violences conjugales.

Les hommes ne sont pas admis. L'entre-soi est un cocon pour la parole. Il est plus confortable de raconter ce qu'on a subi face à des victimes qui ont le même vécu que sous un regard masculin. Mathilde me fait attendre dehors, le temps de demander aux participantes si elles sont prêtes à faire une exception. J'ai de la chance. Je remercie et m'installe dans le cercle. Une femme se lève. Elle vient du Cap-Vert, elle est mère de quatre enfants. « Ça fait trente-deux ans que je subis des violences conjugales. Je suis allée à l'hôpital Saint-Antoine, on m'a dit : "Est-ce que vous avez été battue, madame, parce que vous avez beaucoup de contusions ?" Et j'ai dit non. Mais je me sens en danger. »

Mathilde s'adresse au groupe :

« Que peut-on faire dans cette situation ?

– Moi j'appelle la police, dit une femme. Quand j'ai peur, j'appelle la police. »

Plusieurs femmes acquiescent. L'une d'elles s'appelle Linda. « Une fois on m'a dit : "Vous avez un beau mari." J'ai répondu : "Prenez-le. Je vous donne même 500 euros pour que vous le gardiez." » Linda jongle entre des heures de ménage et des gardes d'enfants pour joindre les deux bouts. « Je fais 1,57 mètre, lui 1,92 mètre, je vous le dis franchement, j'ai déjà pensé à le brûler. »

« J'ai porté plainte, dit une femme qui porte un bandana et de petites lunettes. J'irai jusqu'à la fin. » Sa gorge se serre. Elle attrape la boîte de mouchoirs au centre de la table. Sa voisine de table dit qu'elle a connu la rue. « Quand les gens lui disaient "Bonjour, comment allez-vous ?", il répondait : "Comment ça pourrait aller alors que j'ai cette vieille pute à la maison ?" Et un jour il a mis mes affaires dans des sacs-poubelle. » Elles pleurent toutes à présent. Une femme quitte la pièce. On l'entend fondre en larmes de l'autre côté de la porte, avant de s'engager dans les escaliers.

« Vous êtes très émues autour de la table », constate Mathilde.

Maman elle-même d'un petit garçon, Mathilde fait remarquer qu'il ne faut pas dire à un enfant que son père est « mauvais » ou « fou ». Ce sont les actes qu'il convient de qualifier. Il y a un silence, le temps de faire tourner la boîte de mouchoirs. Bintou se lance : « Je pensais que j'étais la seule qui avait un problème conjugal. Venir ici, ça m'aide. J'étais la quatrième femme de la maison. J'ai été battue, enceinte de cinq mois. J'ai fait une hémorragie et j'ai perdu l'enfant. Il m'a cassé le bras. J'ai subi trois opérations. Il est décédé en 2019, je pensais que ça y était, j'étais libre, mais on a voulu me remarier. »

Elle est surprise par ses larmes.

Une femme voilée, longiligne, très belle, s'exprime alors pour la première fois. Elle s'appelle Seynabou.

« À vous entendre, j'ai l'impression que nous sommes toutes sorties avec le même homme. Quand je me suis retrouvée face au juge, j'ai eu moi aussi le sentiment d'être coupable. Ce qu'il a dit lui, c'est que j'étais musulmane. On parlait beaucoup de radicalisation dans les médias, et il a utilisé ça. J'étais choquée par ses mensonges. Quand j'ai eu fini de l'entendre et qu'on m'a donné la parole, je n'avais pas les mots.

– Qu'a-t-il dit ?

– Il a dit que je portais le voile sous influence, et qu'il me suspectait de radicalisation. Quand le juge a posé la question : "Pourquoi êtes-vous restée six ans avec cet homme si vous avez subi les violences que vous décrivez ?", j'étais sidérée parce que je me demandais moi-même pourquoi j'étais restée si longtemps. »

Une femme que j'ai croisée plus tôt dans la semaine ose avouer qu'elle a été mariée de force. « J'avais pas le droit de parler. Il me violait la nuit. Il me cognait la tête contre les murs, je ne pouvais rien dire. Seulement, quand mes filles ont grandi, elles m'ont dit : "Il faut que tu te sauves, maman, sinon il va te tuer." »

La séance touche à sa fin. Mathilde invite les femmes à se souhaiter quelque chose.

« Je souhaite qu'on sorte de ce cauchemar et qu'on relève la tête, dit Bintou. Et j'insiste parce qu'il y a un journaliste parmi nous : je souhaite que les femmes ne soient plus des objets.

– Que les hommes nous laissent tranquilles, dit Faïza. Enfin, les hommes violents.

– S'ils sont violents, c'est parce que la société le permet. »

Une femme, silencieuse depuis le début, ose faire entendre sa voix :

« Quand je parle, je pleure. C'est difficile. Mais je souhaite aux femmes ici de s'en sortir. Moi, je croyais qu'un jour il allait changer, mais il ne changera pas. Je crois qu'on ne change pas. Hier, il a tout cassé dans l'appartement, et pour la première fois, je suis allée à la confrontation. Sans doute grâce à ce que j'entends quand je viens ici, j'ai réussi à tout dire.

– Madame, il ne faut pas avoir peur, l'encourage sa voisine. C'est bien de parler. »

Le cercle se referme sur Diata.

« Je nous souhaite l'amour. J'ai traversé la mer pour venir ici. J'ai choisi ma vie. C'est à moi de décider. »

Avant de les quitter, je laisse mes coordonnées sur une feuille, au cas où l'une d'elles voudrait revenir sur ses propos, ou plus probablement demander que je les efface. La plus jeune, Lucile, de longs cheveux raides autour d'un visage fin, note mon mail dans un carnet.

Lucile est suivie depuis trois ans par la Maison des femmes. La théorie qui veut que les petits garçons battus deviennent les bourreaux de petites filles élevées dans la violence, elle la connaît, mais chez elle, on n'était pas violent. Son père ne frappait pas, il était juste absent. « À côté de la plaque, oui. » Lucile a 26 ans et un fils qui entre au collège. Son parcours est celui d'une jeune femme qui a traversé une tornade à l'adolescence et s'est étonnée, parvenue de l'autre côté, d'en sortir sans blessures apparentes. Elle a ensuite rencontré un homme dont elle est tombée amoureuse. Un mec bien. Un cancer l'a emporté à même pas 30 ans et soudain la douleur est remontée. Les insultes, les coups, les humiliations, les plaies jamais cicatrisées étaient là, vives et purulentes.

Lucile a 15 ans, elle est en troisième. Elle rencontre un mec de 22 ans. Il est à la recherche d'une âme charitable pour l'héberger. « Il disait qu'il avait une vie difficile et qu'il était à la rue, ce qui était faux, mais j'ai su trop tard que c'était un mythomane. Il disait qu'il avait vécu au Brésil, qu'un accident de voiture l'avait laissé en fauteuil pendant deux ans, que son père était mort. Que des conneries. » Ils sortent ensemble. Le fait que Lucile soit en couple avec un mec de sept ans son aîné, cela ne choque personne. « C'était ma première grande histoire d'amour. J'étais accro à lui et il disait que j'étais une pute, une salope, mais qu'il allait faire de moi une fille bien. Tout ça parce que j'avais déjà eu des petits copains. » Lucile vit recluse à la maison, développe des angoisses sociales, de l'agoraphobie, déserte le collège et suit les cours par correspondance. « Je n'avais plus de personnalité. Je ne savais plus du tout ce que j'aimais. Je sentais que je n'étais plus moi-même mais j'étais incapable de réagir. J'avais peur. »

Le premier coup, c'était en boîte avec des copains. « Il m'a reproché d'avoir regardé un mec, je me suis fait traiter de tous les noms. Il a flirté avec d'autres filles pour se venger, et en sortant il m'a carrément traînée par terre devant tout le monde. » À chaque fois qu'il lève la main sur elle, Lucile se dit qu'elle l'a mérité. C'est vrai, c'est elle qui a fait du bruit au réveil, elle aussi qui a renversé un tabouret en préparant le dîner, elle encore qui a mis *Les Simpson* à la télé alors qu'il déteste *Les Simpson*, il lui a tellement répété. « Je suis une collégienne et je vis avec un homme qui me frappe, c'est une situation que j'ai très vite intégrée. » Les viols conjugaux se banalisent. Elle tombe enceinte avant la seconde. « J'étais en état de choc permanent, je prenais mal ma pilule, j'avais plus la notion du temps. » Son compagnon promet de ne plus la frapper, mais à sept mois de grossesse, il lui lance une bouteille de ketchup dans le ventre. Aux urgences, elle explique qu'elle s'est cognée contre un meuble. « Je ne sais pas comment les médecins ont pu ne pas m'interroger. Une mineure, enceinte, avec les jambes pleines de bleus… personne n'a posé de question. »

Il lui faut deux longues années avant de se rebeller. « C'était ses mots à lui : "Tu te rebelles." » Quand elle parvient à le quitter, elle a 17 ans et triple sa première. Elle trouve la force de porter plainte, mais les policiers du commissariat de Saint-Ouen refusent la clé USB sur laquelle sont stockées les photos de ses blessures. « Ça va faire griller le système informatique. » Lucile déposera en tout sept mains courantes depuis cette première plainte. En 2014, après un passage devant le juge aux affaires familiales et une énième menace d'enlèvement, elle retourne au commissariat pour déclarer que son enfant ne lui a pas été rendu. Le policier lui lance : « Madame, c'est vous qui avez décidé d'écarter les cuisses, pas moi. Vous aviez quel âge quand vous l'avez eu ce môme ? » Sans surprise,

Lucile a pas mal somatisé. Elle a souffert d'infections urinaires à répétition, de migraines intenses, de douleurs gynécologiques inexpliquées.

« Grâce à la Maison des femmes, j'ai réussi à verbaliser. Les viols. Je n'étais pas consentante, c'est pour ça que j'allais vomir juste après. Quand j'étais adolescente, j'avais pas les outils nécessaires pour me dire ce n'est pas normal. L'éducation sexuelle au collège, c'était zéro. On nous parlait pas de consentement. Un truc tout con, mais quels sont les signes des violences physiques, psychologiques, sexuelles ? C'est la base, on devrait en parler dès l'école primaire, parce que, à mon époque, l'hypersexualisation, c'était valorisé. La jalousie au sein du couple, pareil, c'était une preuve d'amour, ça excusait les coups, les insultes. "Je suis possessif parce que je t'aime." Pareil pour les machos. On aimait toutes les *bad boys*. On aime un gars qui va être méchant avec nous. Les mecs trop gentils on n'en veut pas, c'est des *canards*. Être un mec cool, attentionné, ça devient négatif. C'est n'importe quoi.

– D'où vient le problème ?

– De la masculinité hégémonique. Je suis fan de jeux vidéo, et on voit tout le temps des machos qui veulent écraser tout le monde pour réussir. Mon ex, il a vécu dans une famille violente, avec un homme qui tapait sa mère. Il s'est construit sur la certitude qu'il fallait se battre pour être un garçon. Et en grandissant, c'est allé crescendo. Je le prends comme exemple, mais c'est pas le seul. Pourquoi la plupart des violeurs sont des hommes ? Pourquoi l'immense majorité des meurtriers sont des hommes ? On a tous une part de responsabilité pour que ça change. »

Je lui demande comment elle a vécu le mouvement #MeToo.

« J'étais hyperémue. Toutes ces femmes qui ont dit aux hommes : "Vous n'êtes pas si puissants que vous le pensez", ça m'a fait tellement de bien… Je ne me sentais pas capable de descendre dans la rue, mais rien que les images de manifs aux infos me faisaient monter les larmes.

– Vous avez peur des hommes ?

– Oui et non. Oui, parce que j'ai un radar à connards et je reste dans une forme d'hypervigilance : un homme qui parle très fort dans une pièce et qui est dans un enjeu de domination, je le perçois tout de suite comme dangereux. Mais non, je n'ai plus peur des hommes, je sais qu'ils ne viennent pas d'une autre planète. »

Lucile surveille son fils. Récemment il lui a dit : « Les filles sont moins fortes que les garçons », « La danse, c'est pour les femmelettes », « Pourquoi tu te maquilles, maman, tu vas pas en boîte ! » Lucile s'est demandé comment elle réagirait s'il venait à faire du mal à une fille. Elle sait qu'elle ne le défendra pas. « Je l'aime, je l'aimerai toujours, mais cela n'a rien à voir. Je refuse d'être complice. »

Quatre années ont passé depuis qu'Arnaud, la source, m'a demandé si ça m'intéressait, « les violences faites aux femmes ». J'ai rencontré des victimes, des mecs paumés, beaucoup de vies abîmées, j'ai assisté à quelques reconstructions, aussi. J'ai vu Cécile se marier sous un soleil landais, en juillet. Le maire, serré dans son écharpe tricolore, forçait un peu la voix après une nuit à chanter aux fêtes de son village, mais il a fait le boulot. Cécile était émue. Elle pleurait. Je ne connaissais personne à ce mariage, à part elle, mais j'étais heureux de la voir heureuse.

J'ai aussi eu la chance de voir naître un enfant. Une fille. Elle s'appelle Mona. Elle a six mois, bientôt sept. Elle n'a que deux dents, les deux du bas, son équilibre reste approximatif et je découvre de nouveaux plis sur sa peau à chaque fois que je lui donne le bain, mais je ne peux m'empêcher de l'imaginer grande, faisant son entrée en maternelle, sachant nager sans les brassards, vivant sa vie de fille, d'adolescente, de femme.

On ne se voit pas vieillir. On est petit, on ne sait rien faire, on se contente de mettre les pieds sous la table et soudain on est passé de l'autre côté ; c'est nous les parents, les inquiets.

Il n'y a rien de pire que des conseils en matière d'éducation, surtout n'en donnez jamais, mais quelqu'un m'a dit récemment : « N'emmerde pas ta fille avec des discours sur ce qu'elle doit faire ou ne pas faire, essaye d'être un homme dont elle pourrait être fière, et ce sera déjà énorme. »

Ça m'a paru lumineux et insurmontable.

Comment montrer l'exemple ? Ce livre regorge d'hommes persuadés d'être des mecs bien. Je pensais en être un, moi aussi. Mais clamer sur les toits que je suis féministe, ou que je « soutiens la lutte », qu'est-ce que ça veut dire si en rentrant le soir je ne fais jamais une lessive, jamais la vaisselle, que je ne change pas une couche, ne cuisine pas, ne donne pas le biberon, ne me lève pas quand ma fille pleure la nuit ? Que retiendra-t-elle de mes avertissements sur les hommes et leurs vices quand à 15 ans elle me verra rabaisser sa mère, choisir seul notre lieu de vacances, agir comme un chef au motif que je suis pourvu d'une paire de couilles ?

Il paraît que tout se joue dans l'enfance.

Remerciements

Ce livre raconte des histoires vraies, de la non-fiction, comme on dit aujourd'hui. Je tiens donc à remercier les êtres vivants, hommes et femmes, qui ont pris le risque de me raconter leurs vies. Certains ont demandé à ce que leurs prénoms soient modifiés. J'espère ne pas les avoir trahis.

Œuvres citées

Hannah Arendt, *Eichmann à Jérusalem* [1963], Gallimard, « Folio Histoire », 1991.

Virginie Despentes, *King Kong Théorie*, © Éditions Grasset et Fasquelle, 2006.

Virginie Despentes, *Vernon Subutex*, tome 1, © Éditions Grasset et Fasquelle, 2015.

Adeline Dieudonné, *La Vraie Vie*, L'Iconoclaste, 2018.

Lorraine de Foucher et Jérémy Frey, *Féminicides, l'affaire de tous*, documentaire produit par Bangumi, 2020.

Matthieu Écoiffier, « Pourquoi *Libé* publie la lettre d'un violeur », *Libération*, 8 mars 2021.

Mathieu Palain, « Des hommes violents », France Culture, 19 novembre 2019.

Erin Pizzey, *Crie moins fort, les voisins vont t'entendre*, éditions Des femmes, 1975.

Anne Vermandé-Ménager, Adeline Moussion et Véronique Perrais-Philippe, « La violence de "Des hommes violents" », Mediapart, 4 février 2020.

L'EXEMPLAIRE QUE VOUS TENEZ ENTRE LES MAINS
A ÉTÉ RENDU POSSIBLE GRÂCE AU TRAVAIL DE TOUTE UNE ÉQUIPE.

ÉDITION : Flore Gurrey
COUVERTURE : Éric Pillault
MISE EN PAGE : Soft Office
RÉVISION : Sophie Loubier, Nathalie Maheo
et Isabelle Paccalet, avec Alice Posière
FABRICATION : Maude Sapin
COMMERCIAL ET MARKETING : Pierre Bottura
COORDINATION : Jean-Baptiste Noailhat
MARKETING ET COMMUNICATION DIGITALE : Clémentine Malgras
RELATIONS LIBRAIRES : Laura Darmon
PRESSE ET COMMUNICATION : Jérôme Lambert avec Axelle Vergeade
LES ARÈNES DU SAVOIR : Pierre Bottura avec Marc Blactot,
Adèle Hybre, Guillaume Lollier et Clémentine Malgras

RUE JACOB DIFFUSION : Élise Lacaze (direction), Katia Berry
(grand Sud-Est), François-Marie Bironneau (Nord et Est),
Charlotte Jeunesse (Paris et région parisienne),
Christelle Guilleminot (grand Sud-Ouest), Laure Sagot
(grand Ouest), Diane Maretheu (coordination), Charlotte Knibiehly
(ventes directes) et Camille Saunier (librairies spécialisées)

DISTRIBUTION : Interforum

DROITS FRANCE ET JURIDIQUE : Bertille Comar
et Geoffroy Fauchier-Magnan
DROITS ÉTRANGERS : Sophie Langlais
ACCUEIL ET LIBRAIRIE : Laurence Zarra et Lucie Martino
ENVOIS AUX JOURNALISTES ET LIBRAIRES : Vidal Ruiz Martinez
COMPTABILITÉ ET DROITS D'AUTEUR : Christelle Lemonnier,
Camille Breynaert et Christine Blaise
SERVICES GÉNÉRAUX : Isadora Monteiro Dos Reis

L'ensemble de cet ouvrage a été réalisé
dans le respect des règles environnementales en vigueur.
Il a été imprimé par un imprimeur certifié Imprim'vert,
sur du Lac 2000 PEFC pour l'intérieur
et une carte Crescendo PEFC pour la couverture.

La couverture et la bande ont été imprimées par Déjà Link à Stains (Seine-Saint-Denis).

Achevé d'imprimer sur les presses de l'imprimerie CPI Bussière à Saint-Amand-Montrond (Cher) en janvier 2023.

ISBN : 979-10-375-0631-3
N° d'impression : 2069621
Dépôt légal : Janvier 2023

En France, un livre a le même prix partout. C'est le « prix unique du livre » instauré par la loi de 1981 pour protéger le livre et la lecture. L'éditeur fixe librement ce prix et l'imprime sur le livre. Tous les commerçants sont obligés de le respecter. Que vous achetiez votre livre en librairie, dans une grande surface ou en ligne, vous le payez donc au même prix. Avec une carte de fidélité, vous pouvez bénéficier d'une réduction allant jusqu'à 5 % applicable uniquement en magasin (les commandes en ligne expédiées à domicile en sont exclues). Si vous payez moins cher, c'est que le livre est d'occasion.